遇见青岛，这座城

YUJIAN QINGDAO, ZHE ZUO CHENG

藏羚羊旅行指南编辑部　编著

北京出版集团公司
北京出版社

图书在版编目（CIP）数据

青岛，这座城 / 藏羚羊旅行指南编辑部编著 . — 北京：北京出版社，2020.4
（遇见）
ISBN 978-7-200-15223-4

Ⅰ. ①青… Ⅱ. ①藏… Ⅲ. ①旅游指南—青岛 Ⅳ. ① K928.952.3

中国版本图书馆 CIP 数据核字（2019）第 290454 号

遇见
青岛，这座城
QINGDAO, ZHE ZUO CHENG
藏羚羊旅行指南编辑部　编著

*

北 京 出 版 集 团 公 司
北 京 出 版 社　出版
（北京北三环中路 6 号）
邮政编码：100120

网　　址：www.bph.com.cn
北京出版集团公司总发行
新 华 书 店 经 销
北京瑞禾彩色印刷有限公司印刷

*

710 毫米 ×1000 毫米　16 开本　14 印张　268 千字
2020 年 4 月第 1 版　2020 年 4 月第 1 次印刷

ISBN 978-7-200-15223-4

定价：59.80 元
如有印装质量问题，由本社负责调换
质量监督电话：010-58572393

前言

  青岛是一座"海性"城市。

  它的胸怀如同大海,宽广而包容。作为一座年轻的城市,它在中国历史长河中不过百岁而已,却浑身带着沧桑的成熟气质。19世纪末的异国侵略改变了它的命运,最后沉淀于依山傍海的老城区,日夜与海共倾诉。如今,老城的大街仍然保持着德占时期欧式建筑群的红瓦绿树,当年的公共建筑至今还在被使用,古老建筑与现代生活在这片土地相互滋养,持久丰富着它的人文肌理,展示着岛城宽广而包容的心态。

  它的内在如同大海,厚重而深邃。"一个人走到青岛那个高地的教堂门前,坐在石阶上看云、看海,看教堂石墙上的薜萝。耳听到附近一个什么人家一阵钢琴的声音……"沈从文写下这段悠哉闲情时,已经在青岛居住多时。1930年国立青岛大学的正式成立,引来许多著名专家、学者如闻一多、康有为、童第周、老舍、梁秋实等,他们点亮了鱼山路和福山路的文脉灯火,成就了今天老城名人故居群的流光溢彩。在历史文化街区徜徉,在文艺先锋荒岛书店徘徊,从岛城饱含深邃的文艺气息中醒来,愿你找到真正的理想。

它的美丽如同大海，多变而大气。环抱青岛的漫长海岸线，反复曲折出一个个精巧平静的海湾，构成了汇泉湾、浮山湾、西海岸等无数个海水浴场和野性玩海之地，滨海步行道串起了沿途无数的人文建筑，共同绘成了一幅浪打红礁、绿荫遮地、碧浪金沙的岛城海滨风光画卷。在浴场畅游、八大关庭院流连、栈道漫步，都能感受海岸风光与城市历史的融合之美。别忘了还有崂山，这里比起市区明朗的山海气质，多了几分桃源仙境的氤氲灵气，好似与现实世界若即若离的灵境之地。

它的态度如同大海，开拓而进取。历史的痕迹以它们已有的样子栖息在老城，而东部新城则是展示现代摩登的一个窗口。2008年奥运会为青岛注入了更多活力和趣味，这里有代表着革命历史运动的五四广场，有科技和现代化的奥帆中心。夜幕降临，搭乘邮轮出海、观赏震撼灯光秀是最佳东部观光之选。同样在变化的还有老工业区，随着世园会、国际啤酒节、红岛蛤蜊节等大型活动的主办，它们已旧貌换新颜，成为岛民近郊游玩的热门之地。

青岛是一座多重性格的城市，年轻又沧桑，宁静又动感。而感受它的美妙方式莫过于吹着来自海湾温和的风，听海浪声声踏歌盈盈，在醇正的啤酒香中，品味浓缩的城市故事与梦想。

遇见
青岛，
这座城

遇见
青岛，
这座城

目录 Contents

老城区中山路
透过德式建筑看青岛百年

青岛火车站 / 14
圣保罗教堂 / 16
观象山公园 / 18
胶澳总督府旧址 / 20
江苏路基督教堂 / 22
劈柴院 / 24

圣弥厄尔教堂 / 26
春和楼（中山路总店）/ 28
789SEN COFFEE / 30
青岛偶遇客栈 / 32
麦子青年旅社 / 34
青岛奥博维特国际青年旅舍 / 36

小鱼山文化历史街区
一场时空交错的邂逅

信号山公园 / 42
鱼山路 / 44
童第周故居 / 46
青岛老舍故居 / 48
闻一多故居 / 50
沈从文故居 / 52

康有为故居纪念馆 / 54
青岛德国总督楼旧址博物馆（迎宾馆）/ 56
小鱼山公园 / 58
韦迦咖啡青年旅舍（黄县路店）/ 60
荒岛书店（黄县路店）/ 62
小路咖啡（大学路店）/ 64

青岛湾景观区
深入城市的海岸回忆

栈桥 / 70
中国海军博物馆 / 72
太平路观海大道 / 74
青岛市民俗博物馆（天后宫）/ 76
德国监狱旧址博物馆 / 78

小青岛 / 80
鲁迅公园 / 82
大邱大包（汶上路店）/ 84
喵小院咖啡馆（鲁迅公园店）/ 86

八大关及沿线浴场
踏沙逐浪赏风光

海滨旅馆旧址 / 92
第一海水浴场 / 94
八大关景区 / 96
第二海水浴场 / 98

花石楼 / 100
太平角 / 102
第三海水浴场 / 104

奥帆中心一带
浮山湾铺陈的都市时尚

五四广场 / 110
滨海步行道 / 112
"蓝海明珠号"邮轮 / 114
青岛奥林匹克帆船中心 / 116
情人坝 / 118

燕儿岛山公园 / 120
MRLEATHER 手工皮具店 / 122
Go wow coffee / 124
听海花园创意餐厅·酒吧（澳门路店）/ 126

青岛港及周边
动静结合的岛城之美

青岛港 / 132
青岛德国风情街 / 134
登州路啤酒街 / 136
青岛啤酒博物馆 / 138
青岛葡萄酒博物馆 / 140
台东商业步行街 / 台东夜市 / 142

青岛一战遗址博物馆及炮台遗址 / 144
中山公园 / 146
青岛电视塔 / 148
湛山寺 / 150
林夕小院青年旅舍 / 152
万和春排骨米饭（台东八路店）/ 154

石老人国家旅游度假区
"双重性格"海岸神话

中华人民共和国水准零点 / 160
青岛海昌极地海洋世界 / 162
浮山森林公园 / 164
小麦岛 / 166

青岛市博物馆 / 168
石老人海水浴场 / 170
不是书店（崂山店）/ 172
初代宇治抹茶（上杭路店）/ 174

崂山风景区
若即若离灵境地

崂山风景区 / 180
青岛仰口风景区 / 184
崂山书院 / 186
华严寺 / 188
崂山民俗文化村 / 190

流清河景区 / 192
青岛隐居西山民宿 / 194
青岛小隐民宿 / 198
昨日乡村原木工坊（崂山店）/ 202

西海岸
野性玩海狂欢记

金沙滩景区 / 210
齐长城遗址 / 212
凤凰岛 / 214
中国院子 / 216

琴岛之眼摩天轮 / 218
晴空咖啡馆 / 220
青岛十间海度假酒店 / 222

『一个人走到青岛那个高地的教堂门前，坐在石阶上看云、看海，看教堂石墙上的薜萝。耳听到附近一个什么人家一阵钢琴的声音……』

青岛,这座城

透过德式建筑看青岛百年

在中国,青岛只能算是一座只有百年历史的年轻城市,然而这座城市却历经沧桑,风霜满面。1891年,清政府在胶澳设防,青岛由此建置。自19世纪末开始,它的命运就被改变了,而这样的改变,最后沉淀在依山傍海的老城区,点缀在市南区满眼的德式建筑中,伴随着海风,日夜呢喃属于自己的故事。来到青岛,必需的体验之一就是:在德式风格的建筑中,深入浅出地品味百年历史带来的沉淀。

回到改变青岛历史的1897年,"巨野教案"事发,德军于青岛湾强行登陆。翌年,清政府被迫签订了丧权辱国的《胶澳租界条约》,这座城市自此开始了它令人叹喟的命运轨迹。而今匆匆百年淌过,物是人非,只有在老城大街遗留下来的德式历史建筑群仍默然伫立,它们是那段动荡岁月曾经存在过的证据。

1913年的《香港每日新闻》这样描述青岛德国建筑:"从海上眺望青岛城,只见其坐落在一片旖旎风光之中。其建筑整齐美观,重重红色屋顶跃动于层层翠绿之中,令人心旷神怡。"漫步在青岛老城区的中山路商业区附近,这里现在基本还保持着德占时期的建筑格局和原有的历史风貌,当年的公共建筑经过修葺,至今仍然在被使用。人来人往的青岛火车站、背山面海的胶澳总督府旧址、罗马建筑圣保罗教堂、浙江路圣弥厄尔教堂……一座座雄伟庄严的欧式建筑依然屹立在青岛这片土地上,丰富着这座城市的人文肌理。而与欧人区略显奢侈的德式建筑不同,德国殖民者为殖民地建设初期的新移民而规划出的"里院",则是另外一种民间建筑风貌。

青岛，这座城

青岛火车站
第一眼青岛印象

　　泰安路1号，一座巍峨的德式风格建筑赫然在列。广场上人头攒动，有人匆忙而过，有人悠然信步，众生百态，迎来送往，这便是青岛火车站。对于坐火车来青岛的旅人来说，这里是他们踏足青岛所欣赏到的第一道风景。

　　火车站傍海而矗，高达38米的钟楼是标志性景观，曾是青岛的最高点，车站整体呈

现出典型的德国文艺复兴时期的建筑风格。这座历史悠久的建筑始建于1899年9月,至1901年4月完工投入使用,是青岛最具代表性的德国风格建筑之一。同时它也是清政府被迫签订丧权辱国的《胶澳租界条约》之后,侵略者利用铁路大肆掠夺山东半岛的各种资源的那一段历史的见证者。

青岛站的老建筑是由德国人魏尔勒和格德尔茨设计,主要由钟楼和候车大厅两部分组成,北联一层办公用房是砖木钢混合结构,车站候车大厅以高大的装饰山墙和三个大型券门突出面向市区的主入口,楼南角耸起一座造型优美的尖钟塔,正居于广西路和兰山路的轴线上,成为兰山路对景。屋顶为四坡顶,面覆中国杂色琉璃瓦,钟塔的基座、窗边、门边及山墙和塔顶的装饰都用花岗石砌成,是仿半木构式样的公共建筑。车站虽历百年来的多次改建、扩建,但依旧保持着当年的风貌。2017年青岛火车站入选第二批中国20世纪建筑遗产名单。如今火车站主体部分仍然承载着青岛的火车运输,而德式钟楼变身为胶际铁路历史博物馆,再现胶际铁路百年历程,反映百年来铁路的巨大变化,延续历史文脉。

圣保罗教堂

老教堂的时光魅力

漫步在老城区的胶州路和观象二路一带，抬头即可看到一座醒目的方形钟楼，继续走，便到了钟楼所属的圣保罗教堂。

圣保罗教堂始建于1938年，又名观象二路基督教堂，靠近胶州路、江苏路、热河路、上海路4条干道的交会处，隶属青岛德国建筑群，是典型的20世纪40年代的经典老建筑。

教堂为罗马式建筑，敦厚、雄壮。教堂的红砖外墙十分醒目，在晨光中显得尤其艳丽。目前教堂建筑占地面积约 700 平方米，结构宏伟，内部宽敞明亮，可容纳 700 人做礼拜。方形钟楼，高 24 米，沿内部 60 级台阶可达，是附近多条街道的标志性一景。

1938 年至 1940 年，圣保罗教堂由美国信义会在原德国俱乐部旧址建造，由俄国建筑师弗拉基米尔·乔治·尤力甫设计，1939 年圣诞节完工，1940 年复活节举行献堂典礼。该教堂原属美国鲁东信义会青岛区会，1949 年后教产归于中国教会。1958 年，基督教进行教堂合并，实行联合礼拜，青岛市区近 50 处教堂合并为 7 个聚会点，圣保罗教堂是其中一个。1999 年，圣保罗教堂被列为青岛市文物保护单位。

圣保罗教堂平常不对外开放，不过就算只是路过，静静地欣赏一下美丽的建筑也不错。

观象山公园
——一窥青岛气象发展史

　　与其说观象山是山，倒不如说是山头公园更贴切一点，因为公园的核心——观象山，海拔只有 66 米，给人袖珍精巧的感觉。观象山公园位于观海二路，是青岛市区的十大山林公园之一，地方不大，名气也不算大，但胜在环境清幽，植被条件较好，登上山顶可远眺大海，栈桥、小青岛和众多红瓦绿树的古建筑尽收眼底，是市区观赏青岛市容及海景的绝佳去处。

　　其实观象山公园原来也不叫观象山，是 1912 年德国人在山顶修建观象台后，才因此于 1932 年正式被命名为"观象山公园"。青岛观象台是 20 世纪 20 年代中国 3 座现代观

象台之一（另外两座为上海徐家汇观星台、香港观象台），"穹台窥象"是20世纪30年代青岛很有名的景观之一。穹台，即坐落在观象山山巅的中国科学院紫金山天文台青岛观象台。

观象山山顶有4处特别值得观赏。首先是中国天文学界第一座大型纪念碑"万国经度测量纪念碑"。另外是7层楼高的城堡式"石头楼"。"石头楼"类似欧洲中世纪古堡，最初是青岛观象台的办公楼，由德国建筑师保尔·弗里德里希·里希特设计，为花岗岩石砌结构，目前是中国人民解放军北海舰队司令部气象台，归属海军管辖，不对外开放。"石头楼"不远处是圆顶楼，这里是我国1931年自行设计建造的高14米、直径7.8米的穹顶天文观测室，当时为了观测天文和太阳黑子研究所用，现今是天象观测室和天文科普活动室，观测室内放置着我国首台由法国引进的天文望远镜。圆顶楼下方的石头小屋则是中国永久性水准原点所在地。1952年，我国将表示黄海标准高程的水准原点设于此处，从此，中国各地的海拔高度就是以水准原点为基点算起的，它的军事意义和科学价值极高。

观象山公园因"观象台"而出名，而说到发生在观象山的一切辉煌过去，就不得不提到我国著名的天文学家高平子，正是他和气象学专家蒋炳然开创了中国近代天文学事业，带来了青岛气象台20世纪30年代的辉煌发展。

青岛，这座城

胶澳总督府旧址
感受公共建筑的风采

胶澳总督府旧址坐落在观海山南坡，背山向海，气势居高临下，楼门前向左右辐射六条马路，并以青岛路为轴线，呈对称姿态，整体雄浑庄凝。

1903年，德国侵占者在青岛完成军事要塞、港口、铁路和矿山等重大工程建设后，开始对城市街区进行重点建设，相继建成了总督府、总督官邸、警察厅等重要建筑，而胶

澳总督府就是这个时期的经典之作。作为德国人驻青岛的最高权力机构所在地,总督府历时3年完成,由德国建筑师马利克根据19世纪欧洲公共建筑的艺术形式设计,大楼工程由中国工人用传统工艺承建,工艺水平高超,建筑技术娴熟。为修建此楼,德军还特意在青岛开辟几处采石场,并修建许多窑场。建造完成后的总督府整体建筑既美观坚固又庄严典雅,外表用青岛优质花岗岩石料砌成,屋顶采用红色筒瓦,平面呈"凹"字形,呈中轴对称,东西长约80米,南北宽约40米,主体建筑高20米,为砖石、钢、木混合结构,属于欧洲19世纪新古典主义风格的公共建筑类型。

第一次世界大战后日本占领了青岛,"总督府"变成了日本守备军司令部。1922年,中国收回青岛的主权,这里变成了胶澳商埠督办公署。中华人民共和国成立后,这里成为青岛市人民政府的所在地,直至1992年市政府迁入新城区。现在,这里是青岛市人大和市政协的合署办公地。由于胶澳总督府旧址大楼具备十分珍贵的建筑文化价值和历史文化价值,1996年,被国务院公布为第四批全国重点文物保护单位。

江苏路基督教堂

聆听百年悠悠琴声

沈从文在青岛老城区游览时这样写道:"一个人走到青岛那个高地的教堂门前,坐在石阶上看云、看海,看教堂石墙上的薜萝。耳听到附近一个什么人家一阵钢琴的声音……"文字中所提到的教堂便是建成于1910年的江苏路基督教堂。这大概是青岛环境最优美的一座教堂,坐落在江苏路南段的小山坡上,极具中世纪古堡风格,如今成了青岛最具代表性的德式建筑旅游景点之一,是岛城文艺人带朋友参观青岛老城区时必去的重要一站。

　　基督教堂修建于20世纪初，又称青岛福音堂、总督教堂、德国教堂、国际礼拜堂。1898年，为了满足驻青岛德国军政人员和商民的宗教生活需要，德军在德国总督府（今市人大办公楼）和官邸（迎宾楼）之间的山丘营建礼拜堂，教堂历经两年落成，成为旅居青岛的德国新教各宗派教徒举行联合礼拜的会堂。1949年至1980年，教堂曾被停止使用。1980年11月教堂重新恢复礼拜。

　　作为新古典主义风格的建筑，基督教堂整体造型典雅优美，像一座中世纪的童话古堡。建筑的波纹外墙为明亮的黄色，砌筑半圆拱形窗框和门框作为装饰，建筑主体由礼拜堂和钟楼两部分组成。最醒目的景观要数造型华美的巴洛克式钟塔，顶部镶嵌绿色铜片配以筒式红陶瓦，塔身有花岗石作为装饰，与红色屋顶的房屋主体相映衬，渲染出一种浪漫温情而又不失庄重典雅的气质。堂内中央大厅高大宽敞，前方正中有圣餐桌，上方是彩色玻璃拼成的耶稣画像。礼拜堂后方是唱诗楼，装有管风琴。青岛著名文史专家鲁海说，里面曾经有一架很大的管风琴，能弹奏出乐队的效果。在2010年教堂建成百年庆典之前，一架德国制造的管风琴被运到了这里，悠扬的琴声再次飘荡在百年大厅里。

劈柴院
流光溢彩的里院生活

除了德式建筑，里院是青岛的另一种特色建筑，而劈柴院算是昔日最著名的里院。虽然它现在并不是完整地保留了昔日的面貌，但建筑本身的构造和样子还在，值得一去。

刘筠的诗集《青岛百吟》中有这样一段注释："劈柴院近中山路，最繁闹之区。院内皆劈柴架屋，故名。贵人不屑一顾，然房租轻而价廉，穷措大得往来其中焉。"顾名思义，

在过去，劈柴院是因为里面盖了许多临时的商用"劈柴屋"而得名的，这些"劈柴屋"为一些老青岛人所熟知。20世纪20年代中期，青岛建为城市后，在这里修了一条江宁路，建了几个大院，江宁路逐渐成了一条商业步行街，街上几个大院多为商店、饭铺，劈柴院就此从一个院子的名称成了这一商业街的名称。劈柴院曾被青岛当地人视为"游乐场"，是过去老青岛底层人最爱光顾和聚集的场所，会集了各种玩乐的江湖把式，比如说书、唱戏、拉洋片等，另外各种杂货铺、百货商店、小吃店应有尽有，热闹程度和规模，相当于南京的夫子庙或者上海的城隍庙。

如今的劈柴院依旧很热闹，附近一并被拓展成中山路商业区。远远地便可以看到上书"劈柴院"三个字的门洞，走进由大青石铺就的十字巷，周围是典型的里院二层小楼，店铺密布，大多以餐饮为主、娱乐为辅。客观上来说，劈柴院里的小吃并没有完整地保留太多市井味，所以在这里流连的更多是慕名而来的游客，而非当地人。人们在这里，可以到春和楼、元惠堂等老字号饭店坐一坐，尝一尝青岛当地的锅贴、炉包等小吃；到"江宁会馆"的戏台、娱乐大院和茶社感受一下民间艺术表演，这都是不错的选择。

青岛,这座城

圣弥厄尔教堂
规模宏大的天主教堂

走在老城区的街巷之中,你或许可以从教堂顶楼传出的钟声寻找到它,但更多时候只要你抬头便能看到它。圣弥厄尔教堂(浙江路天主教堂)是青岛老城区的标志性建筑之一,教堂高大的双塔楼在很长一段时间里都是青岛老市区的最高点。

圣弥厄尔教堂始建于1932年,历时两年竣工,由德国设计师毕娄哈依据哥特式和罗

马式建筑风格而设计。据说最早拟建教堂应高百米,要建造成德国在远东地区最具规模的一座天主教堂,但第二次世界大战的爆发使建造资金受到限制,最终建成现在的规模和样式。中华人民共和国成立前,这里不仅作为教堂存在,还曾开办了学校和医院,并在抗日战争期间承载救济和医疗的社会工作。

走近圣弥厄尔教堂,可以看到其外观以黄色花岗岩和钢筋混凝土砌成,表面雕以简洁优美的纹案,整体线条利落。窗户为半圆拱形,线条流畅,显得庄重而朴素。大门上方设一巨大玫瑰窗,两侧各耸立一座钟塔,塔身高56米。红瓦覆盖的锥形塔尖上,各竖立一个4.5米高的巨大十字架。塔内悬有4口大钟,一旦钟乐鸣奏,声传数里之外。教堂内部是一个高达18米的宽敞明亮的大厅,可供千人同时礼拜。阳光在中心大堂的彩色玻璃窗户上透射出柔和的光线,祭台穹顶还绘有大幅的圣像壁画。

如果你喜欢宁静,可以避开游览高峰期,独自一人在教堂外走一走,静静地感受古老建筑的魅力。

春和楼（中山路总店）

品尝老字号鲁菜滋味

闲逛中山路，在街巷的德式风情中徘徊，之后在青岛唯一的一家百年老字号——春和楼用餐，品尝招牌菜香酥鸡，这可能是大部分旅人的经典行程安排之一。

在青岛当地，曾有一种"先有春和楼，后有青岛港"的说法广为传播，作为与青岛建置同龄的老字号，春和楼可以说是一家先于城市诞生的餐馆。它创立于清朝光绪十七年

（1891年），至今已经有120多年历史，一定意义上代表着正宗的鲁菜。春和楼的历代管理者都非常善于传播和营销，比如说在20世纪30年代，他们使用自己独特的广告营销方式和独创的送餐服务将饭店推上了一个名气高峰，当时春和楼与顺兴楼、英记楼被称为青岛"三大名楼"。20世纪80年代，他们又独创"迎宾小姐"迎宾，把饭店带上另外一个品牌热度，当时的老青岛人甚至以能够进春和楼吃饭为身份象征。

经过百余年的发展和改良，如今的春和楼已成为青岛最有名气的餐饮企业之一。与时俱进，也许是春和楼经历百年风雨，而始终能够受到当地人欢迎的一个重要原因吧。对于来到春和楼吃饭的人而言，除了品尝美食，也许还有见证青岛历史之意义，透过饭店的百年建筑和鲁菜的味道来感受青岛的变迁。

春和楼目前有中山路总店和镇江北路分店，总店位于中山路中段，为极具欧式建筑风格的转角楼，每天总是食客盈门。饭店的招牌菜是香酥鸡，焦酥异常；爆炒腰花、九转大肠，都是地道的鲁菜；除此之外，虾仁蒸饺料足多汁，味道鲜美，松鼠鳜鱼做得也很出众。

789SEN COFFEE
热闹之外的静谧时光

　　789SEN COFFEE 开在一条小道上，与劈柴院只有一条马路的距离，走近高密路即可感受到什么才是真正的闹中取静。这家咖啡馆有点小名气，是文青们喜爱的消磨时间的好地方，也是旅人闲逛中山路之后一个不错的休憩之所。

　　咖啡馆是两层的欧式房屋，十分有青岛特色，门口摆满了植物，干净整洁。店内整体

　　风格走欧式复古田园风,做旧的木板配上绿色为主的涂鸦墙和吊顶悬挂的干花,将气氛烘托得很好,而店内的其他装饰和点缀则十分富有年代交错感,各自独立却没有太多违和感。店内半屋咖啡半屋书,二楼设有包厢,空间私密,颇为安静,使人放松。

　　小店有三位老板,分别是"70后""80后""90后",据说这也是789SEN COFFEE名字的由来。三个处于不同年龄段的人,因为共同的爱好聚在一起成就了这家咖啡馆,按照自己的心意亲自设计,用心的细节给人一种家的舒适感和自在的感觉,使人欢喜。而正是这样有温度的故事使得它不仅是一家咖啡馆,还让人感受到了经营者对生活的热爱以及对梦想的追求和坚持。

　　"会下雨的咖啡"和"甜心雨"棉花糖创意咖啡是店内的招牌咖啡,原理是利用咖啡的热气把棉花糖溶化,会有漂亮的图形变化,观感十足,味道也不错,有比较浓的奶味和甜味,口感新鲜,引得很多人慕名而来。店内的其他咖啡品类,原料也比较新鲜,整体品质稳定,手工饼干和蛋糕也是不错的选择。

青岛，这座城

青岛偶遇客栈
偶遇最好的旅途

在老城中游荡，交通便利是第一位需要考虑的，住宿当然也最好是就近原则。地处中山路商业圈，距离劈柴院15分钟左右路程的文艺范儿客栈——青岛偶遇客栈是很多年轻人和亲子家庭旅居青岛的选择。

偶遇客栈位于老城区一隅的一片居民区中，虽然老城区经常处于各种整修改造中，导

致步行前往客栈的路线并不十分美观，但是客栈内的居住不受影响。店内装修简洁，环境清新安静，房间内根据主题进行颜色区分，这样的不同设计和装饰也是偶遇客栈的特色。

客栈周边景区集中，出门往上坡走即可到达基督教堂，继续走1.5千米左右到达信号山；出门往下坡走有啤酒屋，距离天主教堂近1千米，再往下则是中山路，距离栈桥差不多20分钟路程。交通方面，客栈距离火车站很近，外面也有很便捷的多路公交车，可以到达多处景点。生活居住方面，偶遇客栈不提供加床和早餐服务，但由于附近是居民区，所以饮食和购物倒也便利，距离客栈不远还有海鲜一条街，可以购买后让摊主进行加工，再带到饭馆进行简易烹煮，即是一顿美食。

如果天气不好或者想休息，你可以在客栈待一整天。客栈自带院子，一楼公共区域有书吧，还有庭院咖啡馆。坐在小院里吹吹风、喝下午茶或者与朋友在咖啡馆休息区打打桌球，也都是消磨悠闲时光的一种不错选择。如果你喜欢看电影，可以在晚上8点来到咖啡馆，这里每晚都会放映一部影片，你也可以借此机会与陌生朋友邂逅一段美好的时光。

青岛，这座城

麦子青年旅社
背包客的梦想之地

麦子青年旅社的位置极佳，就在劈柴院内，紧邻中山路，距离栈桥风景区和青岛火车站仅有几步之遥，饮食和交通便利，再加上可以招待外宾，因此生意很好。

每个少年的心中大概都有一个背包远游的梦想，而大部分自助旅行者选择青旅作为居住地，除了性价比高，更是为了寻找到志同道合的同路者以及相同氛围的沟通环境。麦子

  青年旅社的微博介绍这样写道："1991年单车5000千米，青岛到西藏。1993—1994年徒步'丝绸之路'，4528千米。1998年在西藏阿里做过一年'义教'。2003—2009年在中国徒步旅行1.6万千米……"旅社得到很多住客的青睐，正是因为这家店有一个有着丰富背包旅行经历的老板，他的旅行经历给这家店带来了别具一格的"传奇"色彩，让麦子旅社格外有"少年游"的氛围。老板在多年的户外旅行生活经历中住过近3000家旅社，有很多的居住体会。2005年，他萌发了开一家专为户外人准备的青年旅社的念头，后来就有了劈柴院的麦子青年旅社。他还将自己徒步中带回来的纪念品装饰在旅社的每个角落，让人觉得这里充满了故事。

  从火车站顺着路走10来分钟就到了麦子青年旅社，一栋修葺一新的里院，院子整洁安静，上下两层的小楼，光线充足，视野相对开阔。小院里有长桌和阳伞，方便住客休憩放松，旅社里的小动物很温顺，喜欢小动物可以放心互动。多人间是混住的，订房的时候需要咨询清楚。更重要的是，在这里有很多机会与国外背包客互动结交，分享旅行经历。

青岛，这座城

青岛奥博维特
国际青年旅舍
与岛民的公园生活互动

　　青岛奥博维特国际青年旅舍位于观象山公园内，由早先的天文台改建而成，旁边就是中国最早的气象站，周围环境清幽安静。往观象二路走，沿着山路上行十几分钟，到达山顶的奥博维特。对于拖着行李的人来说，可能并不是一段轻松的路程，但还好一路是公园的绿树花草，偶尔还能看到一些露出屋檐的老别墅，聊以自慰。

　　这家国际青旅为一栋颇有时代感的德式小白楼，外表并不出色，但透过窗户的形状可以窥得当年天文台的模样，重要的是门口看似不起眼的石屋，里面可是有中国国家海拔原点的标志。旅舍一楼是公共空间，二楼则为客房，基本还是保留着当时的建筑格局，狭长的过道两边是一间间房间，有点儿20世纪90年代事业单位办公楼的感觉。再往上走过狭窄的楼梯就是顶层，这里有一个大约50平方米的小酒吧，露天空间则比较大，摆放着店里的"镇店之宝"——大型天文望远镜，如果你有兴趣，可以通过它观测发生在天上的故事。屋顶酒吧是一流的观景台，在这里可以将整个岛城景色尽收眼底。

　　虽然奥博维特常因老旧的设施被住过的人"吐槽"，但这里还是吸引了大量的年轻人。他们更愿意在这样一个具备独特地理位置的青旅，同来到公园内活动的岛民一起健身运动，无论是踢毽子还是学习太极拳或是剑法，都是一道独特的风景线。

　　离开旅舍，步行大约3分钟就可以到达位于德国风情街里面、青岛最大的露天集市，这种集市在青岛老城已经所存无几。沿着和缓的坡道继续向上走，爬到山顶可以从高处俯视整个青岛的美景。

小鱼山文化历史街区

五月的青岛,春深似海。不妨到老城区漫步,和众多名人逸事来一次时空交错的经典「邂逅」,汲取风采流韵的迷人力量。

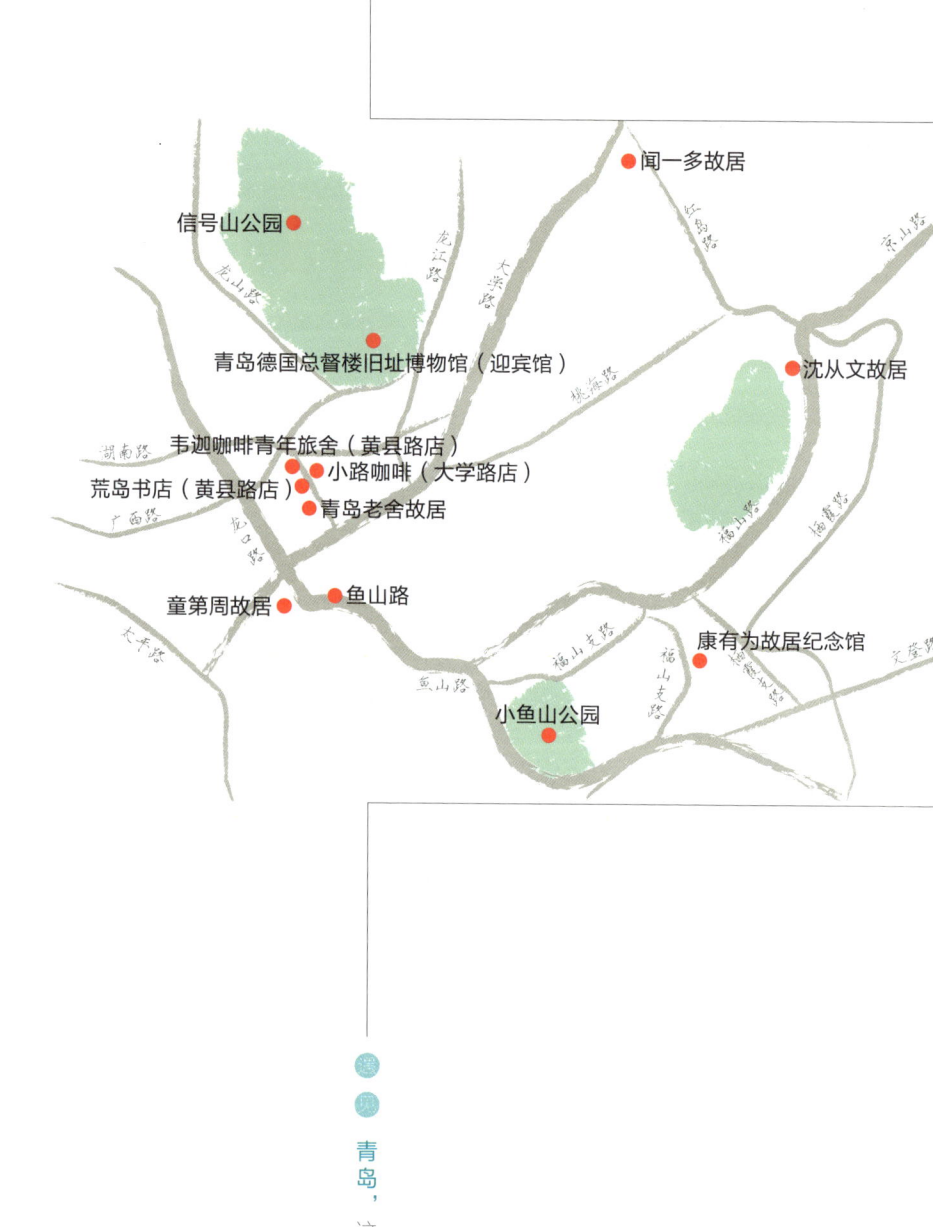

一场时空交错的邂逅

虽然青岛的历史只有 100 多年,但在文化上却有自己独特的气质,它过去曾是作家荟萃之地,是 20 世纪 30 年代左翼文化运动中心之一。这一站,老城区中国海洋大学一带的小鱼山、八关山文化历史街区以及如今的鱼山路、大学路、福山路,是流光溢彩的人文风流之路,是岁月鎏金的精彩回忆之路,是通往理想追求的执着光辉之路。在这里,建筑和人文风光不仅是一道风光,更是背后力透人心的对理想的不懈坚持和执着追求。这些是我们透过沉淀着古老与新生的道路和人文景观,能够汲取的真正力量。

中国海洋大学鱼山校区是 1930 年成立的国立青岛大学的旧址,当年国立青岛大学成立后,校长杨振声召集了一大批科学巨擘和文艺大师,他们在此工作和生活。鱼山路和福山路一带,点缀着诸如闻一多、沈从文、老舍、洪深、康有为、梁实秋等一连串近代史上耀眼的名字,他们生活轨迹中的一段于此交集,也因此造就了今天青岛老城区名人故居群的独特人文景观。

徜徉小鱼山历史文化街区一带,在公园山林中漫步,于名人故居中缅怀,坐拥书店和咖啡馆的一角闲适,到处都充满文艺气息。与昔日的文采流韵来一场超越时空的经典邂逅,岁月也许会侵蚀记忆,光彩照人的过去却不会被掩埋,愿你在这里找到内心的真正理想,鼓起坚持梦想的勇气。

青岛，这座城

信号山公园
纵览老城无限风光

　　青岛有许多登高远眺的好去处，位于老城区中心、海拔 98 米的信号山就是这样一处可以极目远眺、俯瞰青岛的登高之处。山巅三幢红色蘑菇楼像熊熊燃烧的火炬，于青松绿树中耸立，格外醒目。登此高处，可俯瞰园内景观，纵览城市繁华景象，还能遥望波澜壮阔的大海。

　　信号山原名"大石头山"，又名"五龙山"，是青岛市海拔较高的临海山峰之一。1903 年以后，为了引导船只出入胶州湾，德军依据山上有利的地形修建了一座指挥船舶

进出港口的信号导向台,并在此建立了青岛最早的无线电台。1922年,中国北洋政府在山顶设信旗台,专为进出青岛港的航船导航,因此信号山的名字便沿袭下来。老青岛人也称其为"挂旗山"。1984年起,青岛市政府规划并修整信号山,将这里建成青岛10个山头公园之一,并在山顶修建了3座圆形观景楼,象征我国古代用于传递信号的3支红色火炬。

　　游览信号山公园有多种方式。大部分人选择按照景区指示直上山顶观景楼,然而更有趣的一种方式是步行去山顶。步行去山顶会对这座公园有更多的认识,盘山路错落带来各种自然景观平台,而随着方位的变化,周边的老城风光也有不同的鉴赏视野。可以选择从主大门南门进入,拾级而上,可以看到反映古代和现代传递信号的壁画和建山碑记,之后可到达公园中心地带。而从齐东路的北大门进入则先到赏涛台,可远眺松涛泛绿、海涛涌波,之后通过天街到达天市、览月天台和连心天桥。穿过龙门就是蘑菇楼,中间最高的一座上面的旋转观景楼上设有旋转观景茶座,天晴时,登上旋转观景楼,青岛的全貌及汇泉湾的美景尽收眼底。美丽的栈桥、小青岛与碧蓝的大海交相辉映,岛城的红瓦绿树、碧海蓝天、水光山色在这里可以一览无余。

鱼山路
文采流韵熏人醉

喜欢文学和历史的人,来到青岛是要走一趟鱼山路的。鱼山路上的焦点不在于庄严气派的德式建筑,也不在于风光秀丽的景观,而在于这条路上浓郁的人文风情。这是一条文人荟萃、名人闪耀的道路,走在这里,就像在读一本历史书。不到1000米的蜿蜒起伏的山路上有30多个院子,每一个号码牌背后都是沉淀的历史岁月和名人足迹,几乎每个院子的故事都可以写成一本书,每座楼宇间都曾留下岛城名人的足迹。

1899年中德签订《青岛设关征税办法》，在青岛建海关，规定由德国人任总税务司，在鱼山南麓建总税务司宅和副总税务司宅，当时还没有路名门牌，建鱼山路后，分别是鱼山路1号、鱼山路2号。在鱼山路1号总税务司宅住过的有德国人阿里文、施德明、哈密师和日本人立花政树、英国人李家森等，院内有初建的石碑。日本侵占青岛后在鱼山路5号建了青岛中学校，现在这里是中国海洋大学校舍的一部分。后来，更因国立青岛大学的建立，鱼山路一带居住了大批的科学名人和文学名人，如沈从文、闻一多、老舍、童第周、吕美荪等，留下了他们巨大的思想财富。

走在纵横交错的鱼山路上，透过不华丽甚至平凡老旧的历史建筑，畅想当年文采风流、杯酒豪情的岁月，缅怀历史名人的事迹，与风采流韵邂逅，尽情展望属于自己的梦想和未来。再细细寻觅，这条路上的角角落落，还藏着意想不到的小惊喜，可能是中国海洋大学门外的一溜咖啡馆，也可能是拐角处的一方庭院，还有可能是夏天透过繁密植物枝叶滴下来的流光，一切都可能引发一段神秘想象之旅。

童第周故居

双樱依旧叹光辉

走进鱼山路 36 号，一座两层日式小楼映入眼帘，小院子里的几棵香椿树在风里轻轻摇摆，虽然姿态有些落寞，却依旧守着往昔精彩的流年和故事。

大门外挂着三块牌子：童第周故居、陆侃如冯沅君故居、束星北故居，这是 20 世纪三四十年代国立山东大学（现山东大学）教授们的宿舍区。我国卓越的生物学家、教育家，

实验胚胎学的主要创始人,生物科学研究的杰出领导者童第周,于1934年获博士学位回国,在国立山东大学任生物系教授,就住在鱼山路36号1号楼的一座两层日式建筑最东头,他们一家在这里住了11个年头,而正是在青岛,童第周成功地进行了鱼的克隆,达到了当时世界生物胚胎研究的最高水平。

童第周故居所处的日式小洋楼是鱼山路36号这座小院中的其中一座,透过铁栅栏,我们可以看到里头小楼楚楚,花木扶疏,景致迷人,仿佛依稀透露着科学之子于此生活起居、步履匆忙的情景。如此优美的居住环境,于童第周而言,却也只是偶尔休憩的场所,更多时候,他和夫人叶毓芬(著名生物学家)是在位于莱阳路28号的海洋生物研究室忙碌到凌晨,连回家休息的时间都没有。

站在因岁月侵蚀而不再光彩照人的建筑面前,也许我们应该看的并不是建筑本身,而是透过建筑想象昔日前辈的光辉岁月和傲人成就,并从中得到一种对自身梦想不懈追求的动力和希望。

青岛老舍故居

《骆驼祥子》创作地

　　大文豪老舍先生1934年来到国立山东大学任教，在青岛期间，他有多处住所，从最初的登州路到后来的金口三路（他在这里写了《我这一辈子》《月牙儿》等小说），最后搬到了如今黄县路的住所。1936年，他辞去山东大学教授职务，于此专心创作，《骆驼祥子》就是这个时期的作品。抗日战争爆发后，老舍举家迁往重庆，这处院落渐渐地被人们遗忘。中华人民共和国成立后，青岛市政府逐步修缮了老舍先生在黄县路的这处故居，于1985年对外开放。

  老舍的夫人胡絜青写道:"终生难忘黄县路6号(今12号)。"老舍的故居虽不止黄县路一处,然而此地却是他们一家印象最深的住所。故居是一栋二层小楼,如今辟为老舍故居纪念馆和骆驼祥子博物馆,馆内陈设依旧保持当时样式。骆驼祥子博物馆是我国最早的单一小说作品博物馆,也是我国第一个以作品名称命名的专业性博物馆。

  进入故居,迎面是老舍先生塑像和"祥子拉车"塑像,院子的南面和西面墙上则镶嵌有20余幅陶版画,内容是著名画家孙之儁所作的呈现《骆驼祥子》主要故事情节的《骆驼祥子画传》。一层主要是故居展品,四个房间展示了一些珍贵图片和实物,馆内陈列的大多是老舍子女捐赠的老舍先生生前所用物件。最奇特的是写作间和过道门厅摆放着刀、枪、剑、棍,这些是老舍先生生前锻炼身体所用。影视展厅播放的则是1966年老舍先生接受日本NHK广播电台采访时的录音,这是他去世前最后一次接受采访。珍藏厅展出的是老舍夫人胡絜青和儿子舒乙的书画作品。骆驼祥子博物馆馆内介绍的则是与小说有关的方方面面及鲜为人知的故事。

闻一多故居

小楼浓荫藏炽热

  我国著名的诗人、学者、民主战士——闻一多先生于1930年至1932年，应聘来到青岛担任国立青岛大学（现山东大学）文学院院长、中文系主任。他对青岛有很深的感情，他的作品中难得一见的一篇抒情散文《青岛印象》表达的就是他对青岛的喜爱之情。在校任职期间他曾居住在国立青岛大学一栋两层小楼的一层南面一间面积约20平方米的房间内。1984年，中国海洋大学将此楼辟为闻一多旧居展室，为青岛市重点文物保护单位。

"一多楼"位于中国海洋大学校区东北角，这是一栋两层的古朴典雅的砖石结构的小楼，屋顶四面呈坡状，楼房设有地下室和阁楼。如今楼房外表颜色已经没有当年的鲜艳明丽，但依然保持着典雅的风格。小楼周围的植物浓荫密布，绿色的树叶经常将整座小楼覆盖得严严实实，远远望去很难辨认出这栋楼的庐山真面目，这也成了"一多楼"一种独特的景观。

小楼南侧的小广场上是闻一多先生的雕像，戴着眼镜，身穿大褂，双目凝视前方，呈低眉沉思状。雕像身后的花岗岩碑体上清晰地篆刻着"闻一多故居"几个大字，背面有闻一多先生的学生的名字，纪念碑文由我国著名诗人臧克家撰写。碑文内容情深义重，短短200余字阐述了闻一多先生在山东大学任教期间的治学为人和高尚品德，表明了命名"一多楼"以纪念先生的因由。

闻一多先生于1946年参加完友人李公朴的追悼会后被暗杀。他身上有对祖国和人民强烈的爱，他的诗歌作品也充满了对祖国的热爱和对外国列强侵略中国的愤慨之情。如今斯人已逝，但在对过去时光的缅怀中，我们依然可以感受到英雄前辈对民主自由的渴望和对祖国的热爱之情。

沈从文故居
大师文思泉涌之所

福山路3号，一栋醒目耀眼的黄色小楼于小鱼山山麓缓缓的坡道上矗立着，地势开阔，前瞰大海，从窗前可以眺望碧波荡漾的汇泉湾，这便是如今的沈从文故居。

著名文学家沈从文于1931年至1933年在国立青岛大学中国文学系执教期间在此居住。1931年他来到青岛，彼时，国立青岛大学为教师在福山路新建的一座宿舍楼刚刚建成。

沈从文在回忆这段生活时谈道："房屋刚粉刷过，楼前花园里花木尚未栽好，只在甬道旁有三四丛珍珠梅，剪成蘑菇形树顶，开放出一缕缕细碎的花朵，增加了院中清韵风光。"当时这栋小楼住着十二个人，沈从文是讲师，有单独的房间。

沈从文对青岛的生活十分满意，对青岛也不吝赞美。"我的住处已由干燥的北京移到明朗华丽的海边。海天那么宽阔，无涯无际，我对人生远景凝眸的机会便较多了些。"在青岛期间，可以说是他一生中"工作能力最旺盛、文字也比较成熟的时期"，其间，他文思泉涌，创作了人生中的许多经典作品，其中包括《从文自传》《记丁玲》《记胡也频》三部人物传记，以及《月下小景》等二十多篇中、短篇小说，还有《论徐志摩的诗》等十几篇论文，他最出名的小说《边城》也是在这期间酝酿而成的。除此之外，沈从文的好友巴金也曾在此客居一段时间，于此创作了《爱》，还为《砂丁》写了序。

现今游至福山路，我们可以看到沈从文故居的外围墙由花岗岩砌造，涂成亮黄色，高墙耸立，四周林木茂盛，清幽安静。楼体模样较从前有所变化，沈从文的朋友曾经在其寓所的露天窗台中拍摄过一张照片，如今已寻不到露天窗台的踪迹。

康有为故居纪念馆
志士的人生最后一站

沿福山支路南行，不久即可看到在向大海的坡地上有一处造型独特、德式砖木结构的小楼，楼体保存完好、颇具时代特色。朝西敞开的铁门外矗立着一块显眼的花岗岩石碑，上书"康有为故居"几个大字，这里就是中国近代著名的戊戌变法的主要领导人和参与者康有为在青岛的居所，是八关山路一带少数几个对外开放的故居景点之一。

康有为足迹遍布世界各地，然而他的晚年却钟情于青岛的山水。辛亥革命后，流落海外多年的康有为辗转回到阔别多年的祖国。1924年，他来到青岛并购买了这处原本属于

德国驻青岛总督府要员的官邸,取名"天游园",此后便一直居住在这里,直至1927年3月病逝于此。可以说这处住所记录了康有为跌宕起伏的一生中最惬意的一段晚年时光。1984年,青岛市人民政府在天游园原址上修建康有为故居,一层正厅和二层辟为故居纪念馆并对外开放。

  现今,故居内基本保持了当年的结构,其中用大量的照片和实物记录了康有为的一生。进入故居,可以看到正门上方是刘海粟先生题写的匾额,楼梯旁则是康有为先生的塑像,背后有毛泽东主席对康有为的一段极高的评价。馆内分为三个展区介绍了康有为的生平事迹,收藏展区陈列着如珠宝、孤本书籍及康有为信件手稿等资料;生平图片展区则是全面介绍其人生历程的地方,其中详细介绍了康有为在戊戌变法中所起的重要作用;生活居所展区则保持当年原有的使用场景。

  站在挂有康有为先生"南生北来何事荡,湘云楚水目及伤"作品的会客之所,遥想当年这里鸿儒满座发出振聋发聩、足以影响政界和文化界的声音,畅想那个为了国家和民族理想而奋斗的年代,不失为一种淋漓尽致的体验。

青岛，这座城

青岛德国总督楼旧址博物馆（迎宾馆）
举世闻名的"建筑标本"

在青岛老城区，德式风格的建筑举目可见，然而在这众多的建筑中，迎宾馆（青岛德国总督楼旧址）却总能脱颖而出。这座德国威廉时期的典型建筑与青年风格派手法相结合的德式建筑，是被很多建筑设计师至今珍视的"建筑标本"。

位于龙山路26号的迎宾馆确实是一栋极为引人注目的建筑，它背倚风景如画的信号山公园，与中国海洋大学、基督教堂遥遥相对，建筑和周围的街道景色融为一体，充分体

现了欧洲建筑的人文情趣。建筑始建于1905年，历时两年建造完成，建筑设计师为德国人拉查洛维茨，据说当年工程耗资巨大，花费将近50万金马克。建筑完工后原是德国总督官邸，1934年改成迎宾馆，1949年后成为接待国家领导人和外国贵宾的重要场所。从1999年开始，迎宾馆被政府辟为人文景观，以博物馆形式对外开放。

"石头楼"是迎宾馆的另外一个名字，因为整座房子的外墙全部是花岗岩垒就的，这在当时来说，简直是天价，除了外墙，建筑其他部分的材料也都讲究至极。精心的设计和巨大的成本成就了这幢气势雄伟的四层古堡式建筑，其主体高30余米，共有大小房间30个，环绕主体修建的围墙形成了占地面积达8.6万多平方米的庭院，院内遍植果树和多种观赏植物。

如今的迎宾馆依然保护完好，屋内家具还是最初的德国家具，那一架1876年德国制造的老钢琴已经是厂家的"遗珠"，是现存独一的珍品，象牙制成的琴键显示出昔日迎宾馆的繁华与热闹。

小鱼山公园
远眺青岛前海最佳处

尽管小鱼山的海拔只有 60 米，却是老城区地理位置最好的山头公园，是登山远眺青岛前海全貌的最佳位置。

小鱼山原本只是一个无名的山头，19 世纪末清政府在青岛口设总兵衙门（今太平路人民会堂位置），在小鱼山建立炮台，那时人们叫它"衙门山"。1922 年，中国政府收回青岛，胶澳商埠督办公署整理地名路名时，根据山东东阿县一座佛教名山"鱼山"的名

称,将原本日占时期被叫作"名町"的沙石路更名为"鱼山路",此山亦因路得名"小鱼山"。1983年4月,在青岛市人民政府的主持下,小鱼山公园破土动工,历时两年完成。小鱼山公园成为青岛市第一处以中国古典风格建筑为主体的园林风景公园,至此青岛多了一处供游人登高远眺、凭栏观海的好去处。

作为一座古典园林式山头公园,小鱼山公园有别于传统常用的龙凤和花鸟图案,而是以海为主题,突出了鱼的图案造型,充满着浓郁的古典园林建筑气息。沿公园大门拾级而上,一座挑檐式的六角"碧波亭"矗立山间,登亭极目远望,碧波荡漾的汇泉湾尽收眼底,往西边望去,则是信号山公园的红色蘑菇楼。半山腰处,隐在绿树丛中的则是青岛有名的迎宾馆。继续拾级而上,3层总高18米的"览潮阁"屹立山顶,登阁远眺,可以充分领略这属于青岛的红瓦、黄墙、绿树、金沙、碧海、蓝天……

华灯初上,可以登览潮阁听海涛、赏明月,"高阁临风涤俗虑,沧波极目望蓬瀛",俯瞰老城区和整个汇泉湾,感受"鱼山海月"带给青岛的诗画般的意境。晚上8点后公园免费,带上三脚架,留下这一幕美好的青岛夜景吧。

韦迦咖啡青年旅舍（黄县路店）

体验青岛老情调

随着老城区的规划和保护日益受到重视，如今黄县路早已经成了"网红路"，路上的文艺小资店越开越多，繁花锦簇。在这样人气旺盛的巷子街上，韦迦咖啡青年旅舍却仍然算是人气很高的存在，足以让你体验一把青岛老情调。

除了地理位置优越，离火车站、栈桥、八大关仅几分钟路程，韦迦咖啡青旅周边本身就是人文景点，如老舍故居等，周边饮食也很便利。而作为一家青旅，它本身就是一栋别

墅，坐拥整个院子，安静不吵闹，又有配套咖啡馆，性价比很高。

走进青旅独立别墅的大门，就像时空变换，立刻隐进了青岛别墅的静谧悠闲空间里。庭院内呈现田园风格，花木葱茏，树影婆娑，植有桂花树，整体清新优美，漂亮安宁，适合静坐、漫步独思或三两好友小聚。三层小楼典雅洁净，一层是咖啡馆，二、三层则辟为住宿区，一楼的咖啡馆宽敞明亮，足以享受一杯咖啡的时光，旅舍的房间装饰简洁干净，颇受住客的好评，更值得欣赏的是几乎每个房间都带有小阳台，独坐于此就可以感受一段安静的时光挥霍。作为"网红打卡地"，旅舍本身已经成为一道风景，在知名艺人鹿晗的MV于此地拍摄后，有的粉丝更是特意来此一游。

如果清早出门，大可体会一次住在"网红青旅"的交通便利，因为步行五分钟就是大学路和鱼山路交界的网红拐角路口。覆黄色琉璃的红墙古色古香，绵延在整排的流光树影下，颇有"京城味"。拐角路口的墙面上分别挂有白底黑字的路牌，左边是大学路，右边是鱼山路，这里现在是自拍爱好者必到的"网红景点"，每天都有很多人在排队取景。如果你喜欢傍晚散步，从旅舍去信号山非常方便，建议晚上去溜达。

青岛，这座城

荒岛书店（黄县路店）
民国书店的文艺气息

遥想20世纪30年代，12位来到青岛的文化人决定编辑一本名为《避暑录话》的周刊，并代售于荒岛书店。自此，在广西路4号创办的经营新文艺书刊的荒岛书店，虽然只有一门一窗，却正式开始了自己在"文化荒岛开辟新文化绿洲"的使命。彼时，这间小小的书店，文墨集聚，学术名流、进步青年都是这里的常客，老舍、王统照、萧红、萧军等人相

继在这里留下了他们的足迹,《骆驼祥子》《八月的乡村》《避暑录话》等书中都能看到荒岛书店的影子,这家书店真可谓谈笑有鸿儒。据记载,老舍常来这里买书和纸笔,他创作《骆驼祥子》时的部分章节内容就是用由荒岛书店定制的"舍予稿纸"书写的。

然而荒岛书店是短暂盛放的文艺之花,在经历了1937年的七七事变后,书店被迫关闭。虽然只有短短4年时间,这家书店却改变了青岛的文化气息,带来了北平新文艺之风和上海左翼文学的暖流。

进步的气息在任何时代都只会沉寂一时,却不会被湮灭消散。来到老舍故居一隅,即可找到荒岛书店,它的黄灰外墙、红褐门窗、朴素招牌、一扇巨大的橱窗,皆是低调却充溢着浓浓的文艺气息,令人仿若置身于20世纪30年代的老荒岛书店。

书店以20世纪30年代青岛文化为主题,陈设也是以20世纪30年代的风格为主,老舍、萧红等人的肖像陈列在书架上,有着80多年历史的《生死场》和《八月的乡村》作为镇店之宝摆放在书店显眼的位置,店里销售的书籍则大部分是出自与青岛有渊源的作家之笔。来荒岛书店,寻本书,落个脚,让自己沉浸在真正属于青岛的文艺气息中。

青岛，这座城

小路咖啡（大学路店）
隐秘小路里的咖啡空间

　　围绕着中国海洋大学的大学路、鱼山路、黄县路等几条老城道路，被各式各样的咖啡馆、民宿等小众文艺店铺装点着，这些坐落在老城德式建筑和里院的店铺以清新、可爱、烂漫、文艺的面貌存在着，既满足了人们的生活需要，又将自己变成了小城本身的独特风景线。若给这几条路选个关键词，那么大学路的关键词则一定是"咖啡馆"。这条街上，

感觉除了咖啡馆还是咖啡馆,但又各具特色,每家都令人不禁想进去探一探,无论是拍照还是坐下来喝一杯咖啡小憩,又或者与朋友小聚,都是很不错的放松方式。

逛完鱼山路,可以从"网红拐角"拐进大学路,老舍故居斜对面,看到邮箱墙就可以找到小路咖啡了,隔壁是家炸串店。如果你先看到炸串店,可以看到它的广告"小路咖啡往里走",也可以找到咖啡馆。

咖啡馆门口站着胡桃夹子的"大兵长",灰色的石质墙上用涂鸦的艺术方式呈现了"咖啡空间"的字眼,彰显着主人执着的咖啡情怀,颇有些艺术不羁的气氛。旧空调涂染上鲜艳的色调,淘汰了的咖啡机改造成咖啡桌,店内摆设多以繁多的旧物改造为主……无论是院子还是店内陈设,小路咖啡馆内的空间都给人带来一种很"先锋"的混搭感受,形成了自己的风格,丰富却不凌乱,每个角落都十分适合拍照。如今,来咖啡馆拍照的人已经胜过来喝咖啡的人,这里已经成了一家真正的"网红咖啡馆"。

太平路观海大道沿青岛湾北侧海岸蜿蜒，宛如一条坚韧细致的丝线，将前海一路散落的知名景点串联在一起，这串明珠闪耀着岛城独特的海岸历史回忆，呈现海岸风光和历史人文的融合之美。

青岛，这座城

深入城市的海岸回忆

青岛的海岸线反复曲折,弯出一个个精巧平静的海湾,诸如青岛湾、汇泉湾、浮山湾、太平湾等,它们用细软的沙滩、暖黄的夕阳和沿岸各具特色的建筑、人文历史标志,带给人们无限遐想和清爽回忆。若论哪个海湾是最具"历史味道"的,当数青岛湾景观区,它以海湾的柔软风情配以老城区最有历史底蕴的建筑色彩,成就了自己独一无二的迷人特色。

青岛湾的历史味道源自它紧邻青岛的旧市中心,既具有老城区深厚的人文特色,又有海滨原本的海岸风光,它们共同构成了青岛前海风景区西部的迷人魅力,是独具人文深度的海滨观光地。观赏青岛湾的经典景色,推荐走太平路观海大道,观海大道位于青岛湾的北侧,内侧即背倚观海山的德国总督楼旧址和中山路商业区,连接信号山、观海山、观象山等能够观赏青岛湾景色的数座山头公园。漫步其中,海湾风貌尽收眼底,栈桥和小青岛这两个海湾线突出的城市标志是必须看的,沿线还有中国海军博物馆、青岛市民俗博物馆(天后宫)、德国监狱旧址博物馆等历史人文之处可参观,第六海水浴场、海底世界等海岸玩乐之处也不可错过。

"没有去过太平路就等于没有来过青岛",到太平路观海大道,品味岛城的温柔夜色,在老城的建筑风情中体会城市的深厚回忆,感受海岸风光与城市历史的融合之美。

青岛，这座城

栈桥
见证百年海事风云

也许没有人能够想到，一座小小的码头在历经百年的风雨变迁后会成为一座城市永久的标志和象征，使得无数人前往观赏留念。栈桥，作为青岛最早的军用码头，就像一位历史见证者，目睹过青岛昨天的屈辱，也见证了青岛今日的辉煌。

1892年，为了保障驻军物资的供应，李鸿章和当时的总兵章高元主持修建一座能够停泊炮舰的军民两用码头，这就是现在的栈桥。1897年，德国侵略者从栈桥所在的青岛湾登陆，栈桥目睹了青岛被德国人统治的黑暗岁月。德占期间，德军对栈桥进行了第一次

大规模扩建,将原桥北端木质部分改为石基,在南端钢质桥架上铺设木板,建轻便铁轨,并把桥身在原基础上延长了150米,以便停靠更大型的战舰。1904年青岛城西的大港第一码头建成后,栈桥结束了它作为码头的使命,之后便对游人开放,成为青岛湾中的一处景致。1922年,中国收回了青岛主权,中国水兵再次站在栈桥上接受检阅。1931年,国民政府重建栈桥,桥南端增建了箭头形的防浪堤,并在防浪堤上修建了具有中国民族特色的二层八角凉亭——回澜阁,桥身加长到如今的440米,从此"飞阁回澜"被列为青岛十景之首。中华人民共和国成立后,当地政府对栈桥进行了多次大规模整修,如今桥面两侧的铁索护栏、12对相对而立的欧式桥灯,均为中华人民共和国成立后修缮而成。

　　如果是搭乘火车到达青岛,站在火车站的街头即可看到栈桥笔直深入青岛湾的花岗岩石堤和醒目的回澜阁。作为老青岛的标志,栈桥几乎是所有游人必到之地。如今的栈桥依然保持着海的风光,如果冬天的雪后来到此处,极目的白雪和高空中飞翔的海鸥点缀其间,这时的栈桥有一种别样的美。

中国海军博物馆

与军事零距离接触

中国海军博物馆所在地是青岛中国海军部队的发祥地。这里专为对军事装备感兴趣的人而准备,馆内停泊的军舰以及室外场地的武器设备,部分允许游人近距离参观接触,着实令人兴奋。

博物馆分为室外和室内展厅。室外展厅又分为海上展舰区和武器装备展区,设在小青岛港区的海上展舰区码头上整齐地停靠着一艘艘战舰,这里的每一艘战舰都拥有辉煌的

　　事迹。"鞍山号"是中华人民共和国第一艘驱逐舰，1936年造于苏联C-324工厂；曾于1941年加入苏联太平洋舰队并参加了苏联的卫国战争；1954年加入中国人民解放军海军的队列，并以东北重工业城市鞍山市命名；1992年退役后进驻中国海军博物馆。而在隔壁码头停靠的是在南沙海战中大显身手的"南充号"和"鹰潭号"。"鹰潭号"是我国自行研制的第一代053K型航空导弹护卫舰，该舰于1971年下水，1975年服役，满载排水量1755吨，1994年退役。与"鹰潭号"并排停靠的是我国自行研制的051型导弹驱逐舰"济南号"，它于1970年12月编入中国海军战斗序列，在36年的服役期间曾多次接受我国领导人的视察，并接待过10余个军事代表团的参观。该舰1983年被中央军委授予"海军装备试验的开路先锋"的光荣称号，直至2008年1月退役进驻中国海军博物馆。武器装备区陈列的是各种退役小型舰艇、水陆坦克等"真家伙"，备受小朋友的喜爱。相比海上展区，博物馆的陆上展区品类更多，从12.7毫米大口径机枪、54式手枪光电射击靶场到各种岸炮、舰炮、坦克、水上飞机等应有尽有，还设有舰艇模型室、潜望镜室。

　　通过海军在武器装备上的更新和发展了解我国军事发展历史，与那些曾经叱咤风云的战机、战舰近距离地直观接触，可能是中国海军博物馆最吸引人的地方。

青岛，这座城

太平路观海大道
海滨城市的温柔夜色

来青岛，散步看海一定不能错过太平路观海大道。东起常州路口，西至中山路口的太平路观海大道是观赏青岛前海海岸线的主要路段。

这条滨海马路的历史可以追溯到清朝末年，当时为了交通便利，从总兵衙门沿着青岛湾海滨修建了一条通往黑澜兵营的驿道。德占时期，军队在驿道基础上修建了滨海马路，

并以德国皇帝的名字命名为"凯撒·威廉皇帝街"。中国政府收回青岛后,将此地的旭山改为"太平山",滨海马路改为"太平路"。

傍晚时分,沿观海大道散步是很多青岛当地人所喜爱的休闲时光,除了散步,还可以欣赏沿途的老建筑和历史遗址。太平路就像一根坚韧漂亮的丝绳,沿着碧波荡漾的青岛湾穿起明珠无数。中国海军博物馆里陈列的军舰身姿挺拔,诉说着昔日拔锚远航,去为祖国的万里海疆巡航护卫的故事。栈桥笔直的身姿在黄昏光影的衬托下,仿若直升仙境,然而回澜阁里人头攒动,奔跑嬉闹的孩子们传来的欢声笑语,又将它拉回现实生活。始建于1899年,由德国设计师亲自设计的青岛最早竣工的大型高级饭店——"亨利王子大饭店"内灯火通明,这座曾号称"东亚第一馆"的饭店是古典和现代生活的完美交织。德国监狱旧址博物馆、青岛市民俗博物馆(天后宫)谈资丰厚,为散步闲聊增添了无数迷人的话题……

从黄昏走到夜幕降临,此时的大海逐渐回归平静,海风舒缓,海浪轻柔,路边树影摇曳,太平路上没有了白天的喧嚣,增添了几分夜晚的宁静,漫步其间,更能体会这座城、这个岛的似水温柔。

青岛市民俗博物馆（天后宫）

青岛现存最古老的建筑群

妈祖是中国民间公认的"海洋女神"，沿海地区几乎都建有供奉妈祖的"天后宫"，青岛也不例外。始建于明代成化三年（1467年）的天后宫，是青岛市现存最古老的建筑群。

天后宫地处青岛老城与海滨前海风景区的太平路上，最早是由一位胡姓商人集资建造的，当时只有3间圣母殿和龙王、财神两个配殿，历经500多年的变迁和7次维修扩建，

如今的天后宫建筑面积为1500平方米，是一处典型的具有民族风格的古建筑群。不过我们现在看到的天后宫建制并不完全是明朝所遗留，二进院落中只有3间主殿是明清时期的结构，最外面的山门和钟鼓楼则是民国时期修建的。天后宫后来受到了一定程度的破坏，当时里面的雕刻、壁画和文物几乎被洗劫一空。1996年青岛市政府重修此地，将天后宫辟为青岛市民俗博物馆。

走进天后宫，可以看到辟为茶楼的前院和保留的戏台，戏台周围墙壁上的内容是周戈庄（即墨田横镇的一个沿海渔村）祭海的情景，戏台一层为摆放各种青岛民俗乐器的民俗展馆。正殿供奉的是目前国内最大的木雕天后坐像，坐像为整根的香樟木雕刻而成。东配殿和西配殿分别供奉龙王和财神，东串堂内则是六十甲子神像殿。后院有清同治年间重修的两块石碑和两株植于明朝的银杏树，后院西厢则是天后文化陈列室。如果是正月期间来到青岛，可以到天后宫参加庙会，届时这里有各种民俗表演，十分热闹。

无论世事如何变幻，天后宫后院那两棵500多岁的银杏树，依然婆娑不语。在青岛人的眼中，天后宫不仅仅是一座庙宇，更是一种对平安的期盼。

青岛，这座城

德国监狱旧址博物馆
美丽城堡内的冰冷铁窗

　　常州路上有一幢高耸尖顶塔楼，这是一片以古堡式建筑为主体的建筑群，令人浮想联翩。当你靠近这座红墙围绕的院落时，先看到的是一层令人生畏的铁丝网，这些冰冷的铁丝网告诉我们，这里可绝不会是一个住着白马王子和美丽公主的童话王国，而是一处我国目前保存最完整的德式监狱。

  当地人称此地为"欧人监狱"。德占时期，德军建立司法统治青岛，并于1900年建立了两座关押犯人的监狱，一座是关押中国犯人的李村，另一座便是关押外籍犯人的"欧人监狱"。监狱修建之初，里面关押的均为寻衅滋事、不服从纪律的德国士兵，当时的狱警由德国海军第三营官兵充任，并着德国海军军服。到了日占时期，这里就开始大量收押中国的"犯人"，这里也逐渐成了青岛人眼中的"死亡魔窟"。中华人民共和国成立后，这里一直被看守所使用，直至1995年看守所迁出，青岛市政府对其予以复原并辟建为博物馆，于2004年对外开放。

  作为一座古堡式建筑，"欧人监狱"原有20余栋楼房，现仅存9栋，其中3栋被改造为德国监狱旧址博物馆，2栋还原了昔日的牢房、狱警房间、刑讯室的样貌。直至今日，监狱楼道上那些刻有精美纹饰的壁炉盖依旧保存完好。另外一栋则设有专题展览，展示青岛各个时期的司法历史沿革。"欧人监狱"作为一个百年监狱，它不仅留下了大量的历史资料，其建筑本身的价值也不容小觑，这在中国监狱近代史上是唯一的，在世界上也不多见。

小青岛
蓝天碧水间琴声悠扬

从空中俯瞰青岛湾，栈桥回澜阁南面有一处点缀着白色航标灯的翠绿海岛，两者遥相对望、交相辉映，宛若镶嵌在碧海中的两颗宝石。这个面积只有 0.12 平方千米的小岛就是小青岛，高高耸立在最高处的八角形白色航标灯就是它的标志。它有着如同古琴般的轮廓，岛身似琴身，大堤似琴颈，海浪拍岸奏出美妙的琴音，故青岛人又把这座小岛称作"琴岛"。

小青岛原是一座不与陆地相连的孤岛,小巧精致,林木葱翠。德占期间,德国人将小青岛改名为"阿克那岛",在岛上修建了一座15米高的八角形白色灯塔,从那时起进出青岛湾的船只就有了引航的灯塔,灯塔成为过往船只进出胶州湾的重要航标。灯塔为白色外观,顶部原来装有水晶棱镜镶成的反射镜,射程为12海里,1997年更换为西班牙制作的航标灯,射程为15海里。日德战争后青岛被日本侵占,小青岛又被改名为"加藤岛",日军在小青岛与陆地间修筑了一条钢筋混凝土长堤,东侧成为日军停泊军舰的锚地,小青岛成为一座陆连岛。1922年中国收回青岛主权。1988年6月小青岛被开辟为公园,并正式向游人开放。

漫步通往小岛的揽海大堤,海浪轻柔地敲打在堤岸上,浪花朵朵,远处海天一色,令人神往。小青岛海拔虽然仅有17.2米,但山岩峻秀,植物茂盛,是很好的亲子玩乐之地。每当夜幕降临,还可以在栈桥上欣赏"琴屿飘灯"胜景:灯塔绽放的光芒与栈桥的灯火交相辉映,共同编织出华美夜色。

青岛，这座城

鲁迅公园
亲子活动乐园

北依莱阳路，南临汇泉湾，东接第一海水浴场，西临小青岛，在汇泉景区，鲁迅公园是不容错过的景点。黑松、红礁、碧浪是鲁迅公园的关键词，汇泉湾西侧的黑松林公园沿狭长的海岸向东西展开，长达1 000米，占地面积约4万平方米，黑松林底下的红礁长长伸至大海中，这一切共同勾勒出一幅漂亮的海滨风景画，风光浪漫，雅致清新。

　　德占时期，德国人在公园旧址上建造防风固沙的林带，同时在汇泉湾西北侧栽植黑松，设立亭台。1930年，当时的青岛市市长胡若愚主持修建公园，落成后命名为"若愚公园"。1931年，沈鸿烈接任青岛市市长，建造了现海产博物馆，并将公园更名为"海滨公园"。日本侵占时期，这里成为"曙滨公园"。1950年，为纪念鲁迅先生与青岛的缘分，公园更名为"鲁迅公园"。

　　公园正门是一座石质牌坊，上书"鲁迅公园"，4个字集鲁迅生前手迹而成。穿过牌坊沿正门的石阶而下，是一座近3米高的花岗岩鲁迅先生立姿雕像。雕刻风格粗犷，两侧青松成排，显得庄重肃穆。在鲁迅先生诞辰120周年时修建的"呐喊台""自传碑亭""鲁迅诗廊"可以让游人欣赏到更多先生的生平和作品。绕过雕像，迎面就是赭红的岩礁和碧蓝的大海，岩礁间坚硬的牡蛎、沙汀内散落的各种贝壳、礁石群中游弋的小螃蟹，这里绝对是孩子们的乐园。夏日的傍晚，清澈的海水荡漾，适合一家人在此活动，寻一处礁石静坐，听涛声拍岸，等松风阵阵，看海鸥竞翔，伴随着孩子们欢乐的笑声，令人陶醉其中。

大邱大包（汶上路店）

品尝青岛传统早餐

在有关青岛旅游观光宣传册上可以看到青岛有多种传统小吃，如排骨米饭、蒸饺、锅贴、烤鱿鱼等，然而在很多青岛人眼中，大包和饺子才是真正的岛城特色。听音辨形，感觉"大包"好像指的是一种很大的包子，指不定有脸盆那么大？其实大包并没有想象中的那么大，但个头也足有三个烧卖那么大，重要的是它不仅味道鲜美，而且皮薄馅大。早餐

时，来几个刚出锅的热气腾腾的飘香大包，肉嫩馅足，咬一口满嘴流油，再配上一碗浓浓的甜沫，是最朴实的美味，这才是真正的岛城传统早餐。

　　大包如今在青岛只是日常早餐的一种选择，然而在过去很长一段时间却是一种时尚。20世纪90年代，国营的青岛饭店自制的三鲜大肉包首先进入人们的视野，个大松软、馅鲜肉嫩，很快入围"青岛十大地方特色小吃"，随即他们在青岛开设了"青岛大包"店铺。当年青岛大包和肯德基、狗不理、馅饼粥并称中山路餐饮界的"四大金刚"，很多当地人专为早餐吃一口大包赶到中山路排队。岁月流逝，随着餐饮种类的丰富，虽然如今大包已经不再是大热门，"青岛大包"店也已经在青岛消失了，但还是有许多小店继承了这种手艺。

　　开在汶上路的"大邱大包"店就是其中之一，据说老板的母亲原是青岛大包店的员工，她把大包的手艺学习到手并传承给后代。店内环境干净明亮，主打甜沫和各种大包，山野菜肉包、海藻肉丁包、海藻素馅包、芸豆馅包、萝卜粉丝豆腐素馅包、三鲜包的味道都不错，个头中等，馅大汁多。推荐大包搭配甜沫来吃，这样才能吃出老青岛的味道。

喵小院咖啡馆
（鲁迅公园店）

聆听喵语，品味海岸咖啡香

作为一座有着异国风情的海滨城市，咖啡馆一直都是青岛一道独特的风景线。小鱼山、大学路……这里从来不缺文艺气息，不缺咖啡馆，每一家咖啡馆都在寻找自己特有的气质以留住来往的过客。

从市南区海阳路2号楼院内的大门进去，一路都是咖啡馆、茶馆和文创小店，走到一

条有茂盛植物的水泥小道，通过几级台阶和蓝色的铁扶手上去就是喵小院咖啡馆。正如咖啡馆的招牌上写的"品啡之香，聆听喵语"，这里就是猫咪的天堂。

咖啡馆是由一栋独立的两层欧式老民居改造而成的，外部涂成乳黄色，有旋转的欧式外梯，十分适合爱拍照的人"凹造型"，楼梯墙上细节做得很好，有很多猫咪涂鸦，黑色的猫咪动态优雅，气质神秘高冷，好看又有趣，起到装饰兼指引的功能。店内装修复古又文艺，灯光布置巧妙，整体清新精致，空间内有诸多圆弧形拱门和拱窗，视野开阔，光线明亮而有层次感，可以看出来设计者是花了很大心思的。靠窗一侧放了整条的长桌，坐在座位上即可看到鲁迅公园内碧蓝的大海、焦红的礁石和附近玩耍的人们。

讲到猫，因为有独立的空间，所以这里的猫咪都是散养，这些品种各异、拥有"盛世美颜"的猫咪十分适应咖啡馆和来往的客人，自由自在地玩耍穿梭，释放天性。在这样的咖啡馆，毛茸茸的萌宠们悠哉闲适，伴着碧海蓝天，来一杯醇厚的冰咖啡，连时光都变得懒洋洋起来。

八大关及沿线浴场

漫步在青岛老城区迷人的港湾海滩,远可眺老城倚红偎翠,庭院深深;近可观浪打红礁,绿荫遮地,碧浪金沙,消夏避暑的人们将欢声笑语洒落海面,涂抹成一幅美妙的青岛夏日避暑图。

青岛，这座城

踏沙逐浪赏风光

自从青岛第一个海水浴场——第一海水浴场建成之后，洗海水澡就成了青岛人生活中的重要部分，在海滩晒日光浴、挖蛤蜊、摸螃蟹是盛夏必不可少的日常安排。时至今日，青岛几个避风躲浪、沙细坡缓水稳的海湾浴场，每年吸引着无数人前来踏沙逐浪。

最负盛名的几个浴场主要分布在滨海步行道中心的太平角步行道一段，第一海水浴场到第三海水浴场是老城区风光最盛的一段路，沿途经过第二海水浴场和八大关国际建筑别墅群，而终点第三海水浴场连接着市南西部老城区与东部新城区。第一海水浴场是目前国内最大的海滨浴场，盛夏时游人如织，对面南海路可以欣赏到有100多年历史的青岛最早的高级假日旅馆——海滨旅馆旧址。第一海水浴场沿滨海步行道向东是著名的八大关景区，这里方圆几千米的别墅建筑群是青岛老城区的最美街景，各国风格的建筑美不胜收，边上的第二海水浴场留下了诸多高官政要的足迹。傍晚时分漫步在太平角栈道上，落日生辉，使人顿悟"天涯海角"的缥缈境界。最适合以第三海水浴场的一幅夜景图收尾：东边是新城区的五四广场、奥帆中心、现代高层写字楼及雕塑群鳞次栉比、闪耀林立的时尚气息；西部则是老城八大关风景区红瓦绿树、浴场碧海蓝天的色彩魅力，两者风貌特色对比强烈鲜明，青岛这座城市新旧交织共生的蓬勃力量一览无余。

青岛，这座城

海滨旅馆旧址
青岛最早的高级假日旅馆

步入第一海水浴场对面的南海路，所有人的目光都会被马路一侧一栋傲然独立、规模壮观的中世纪田园风格的建筑所吸引，这便是海滨旅馆旧址。很难想象远在100多年前，青岛还只是一个开发中的小城，当时人烟稀少的汇泉湾畔就有了这么一处丝毫不逊色于现代建筑的豪华旅馆。它就像是汇泉湾的百年守望者，矗立于此看沧海桑田，城市变换。

海滨旅馆始建于1903年，由德国人建造，采用欧洲中世纪古老的砖木结构，带有德国新浪漫主义的青年风格派特征，是典型的19世纪德式公共酒店建筑，它是青岛第一所假日旅馆，也是当时全国一流的海滨高档旅馆。100多年以来，海滨旅馆一直被用作高级旅馆和酒店。1912年9月，孙中山先生访问青岛时曾在此下榻。1945年后，旅馆曾为驻青岛美军俱乐部。2002年旅馆经历大修，现为青岛城建集团办公楼。经过加固和修整后，如今的海滨旅馆重焕生机，作为青岛德国建筑群23座建筑之一，被列为全国重点文物保护单位。

即便放在今天，这座占地5000多平方米的建筑依然是汇泉湾最耀眼的存在，修复后的建筑大致保持着当年的结构和原貌，整体是三层的砖木钢结构，红瓦坡顶，中轴线左右对称，大门居中，建筑平面呈"E"形，将房屋分为三列带坡顶的组屋和敞开的走廊。外部装饰以红砖清水墙为主，混水墙为辅，简洁明快，具有德国中世纪民居建筑的装饰风格，门庭并排三座券拱式大门洞，气质古朴庄严。最为吸引人的当数建筑的南面外敞开式走廊，面朝大海，视野开阔，便于观海听涛，想象着若坐于其中，是何等的惬意舒适。可惜的是，旧址现为办公楼，并不对外开放。

青岛，这座城

第一海水浴场
曾是亚洲最大的海水浴场

在老城区依靠海湾分布的四个海水浴场之中，第一海水浴场最受人们青睐。它坐落在汇泉湾，也称汇泉海水浴场，海湾内海水平静，沙滩细软，有作为海水浴场得天独厚的自然环境，是青岛最早的海水浴场，也曾是亚洲最大的海水浴场。从高处欣赏浴场全貌，可见三面环山，一面临海，形如弯月，滨海步行道起伏有致，现代的科技建筑与传统的别墅建筑巧妙地结合在一起，构成一幅五彩缤纷、搭配巧妙的绝佳风景画。

　　1901年，这里由德国开辟为浴场，当时被称为"维多利亚海水浴场"，是青岛最早被开发的浴场。1934年，南京国民政府将其正式命名为"第一海水浴场"。1984年，青岛市政府对海水浴场进行了大规模重修和改建，建筑面积由原来的7000平方米扩展到2万平方米，附近配建20余种不同风格的建筑，沙滩面积扩大一倍。改建后的浴场对外免费开放，顿时成为当时青岛人最爱去的休闲场所之一，据说夏天去洗海水澡的人数最多时可达10万余人，在很多青岛人心中，这里成为一种幸福感的代表。2008年奥运会，为了配套奥运，汇泉湾公共空间再次大改造，第一海水浴场与鲁迅公园、八大关景区及中山公园连为一体，以小鱼山为背景，山、海、城浑然一体，沙滩面积由原来的1万多平方米扩大到2万多平方米，各种服务和观景平台更为现代化、科技化。

　　如今第一海水浴场仍然是青岛海水浴场中接待游客最多的一个，特别是夏季七八月份，人潮如织。漫步沙滩，远可眺望狭长的汇泉角，浪打红礁，绿荫遮地；近可欣赏碧浪金沙，景色迷人。消夏避暑的人们身着各式各样的泳装，欢声笑语，将海滩涂抹成一幅现代夏日避暑盛景图。

青岛，这座城

八大关景区
宜居的梦幻港湾

　　八大关为何要叫作八大关？因为这里的街区道路以我国著名关隘及重要税关命名，比如居庸关路、函谷关路等。景区内原是8条道路，后来又增建了嘉峪关路和山海关路，故而现今有横7竖3共10条主要街道，这些极富中国特色的名字与景区内的各国特色建筑形成对比，大异其趣。

　　这片汇泉湾以东、浮山湾以西、北抵太平山南麓、南临太平湾的方圆几千米的风景区是青岛老城区街景最美的地方。每一条道路都有一个特殊的树种为代表，春天碧桃娇艳动

人,夏天梧桐夹道高洁,秋天银杏满地金黄,冬天雪松傲霜斗雪……路路花草不同,一年四季鲜花不败,绝对是拍文艺范儿照片的最佳之选。

除了绝美街景之外,八大关闻名世界的重要原因是这里多达 24 个国家的建筑风格。得天独厚的自然和地理条件,使得青岛很早就成为一处宜居的理想港湾,自 20 世纪 20 年代起,侨居青岛的外国人以及中国的富商名士们,就把目光投向了临近汇泉湾的这片坡地。当时城市规划部要求这里的建筑样式和园林要拥有自己的特色,于是短短的几十年间,300 余座风格各异的别墅在这里拔地而起,形成了中国乃至世界上独一无二的别墅建筑群。

八大关内的建筑曾是很多达官贵人的私宅,他们为这里留下了诸多的人文色彩,而优美的环境和多彩的建筑也吸引了很多影视剧组在这里进行创作。可惜的是,如今八大关内的建筑多为私家所用或办事机构,仅有部分对外开放,如陈毅元帅住过的元帅楼、为丹麦公主建设的公主楼、拍摄《宋庆龄和她的姊妹们》的"宋家花园"目前都不得入内参观。

第二海水浴场

八大关内洗海澡

如果说第一海水浴场是令人亲近的平民化浴场，那么位于八大关内，花石楼附近，在 20 世纪 80 年代才正式开放的第二海水浴场则显得有几分神秘与高贵。德占时期这里主要是外国游客活跃的地方，初建时称为"山海关路海水浴场"，中华人民共和国成立后才定名为"第二海水浴场"，当地人则称它为"太平角海水浴场"。20 世纪 80 年代前这里还是专用浴场，作为八大关内的配套设施，许多党和国家领导人及外国元首等，都曾在这里

畅游。如今这里是青岛所有浴场中,唯一一个需要在旺季时买门票入场的,其他季节则可自由出入。

如果想安静地在大海里游泳、漫步或日光浴,第二海水浴场是很好的选择。地处太平湾的良好自然条件为这里带来了高质量的海水和幽静的环境,浴场两侧是陡峭的岩壁,挡住了来自海中的大浪,故而风平浪静;北部是绿树成荫的滨海公园,景致清幽;西部沙滩多鹅卵石,姿态万千;沙滩坡缓,沙软水静,面积大。

在参观八大关内的花石楼时,即可于最高处眺望整个第二海水浴场,比起其他浴场,这里美丽的海岸线、碧蓝的天空、清澈的海水配上八大关的精致华美,多了一分高贵的姿态和安静的舒适。节假日时,常常有人在沙滩上晒日光浴,自由自在地度过一段悠闲的时光。每逢好日子,还可以看到沙滩上常有人着婚纱礼服摄影拍片,是"山盟海誓"的最佳地。

青岛，这座城

花石楼
登高楼观两湾景致

在第二海水浴场泡完海水澡，沿滨海栈道一路向东步行，就到了这栋以俄罗斯风格为主的欧式建筑——花石楼。岬角上的花石楼地处八大关最南端，面对第二海水浴场，是八大关景区里最佳的观海景之地。当你沿着螺旋形的楼梯来到顶楼的观海露台上，就能够将碧波荡漾的汇泉湾和太平湾景致尽收眼底。

高耸的花石楼，外形呈现典型的欧洲古堡样式的同时，又融入了希腊和罗马样式的棱角，而分明的线条和尖顶却又有哥特式建筑韵味，是一栋多种建筑样式融合的建筑。楼外

墙砌花岗石和鹅卵石，镶嵌着格外突出的白色窗框，楼内墙面贴大理石，这也是"花石楼"名字的由来。五层圆形与四层多角形的楼组成了花石楼的主要部分，地下一层、地上三层的楼内分别建有会客室、餐厅、咖啡厅、书房、卧室等，虽然各房间的面积不算大，但功能十分齐全，顶层为俯瞰汇泉湾和太平湾景致的圆塔形柱楼。

从建造至今，花石楼这座观海别墅几经易主，它最早的主人是一位名叫格拉西莫夫的白俄罗斯贵族，他于1932年在八大关岬角上修建了这座海滨别墅；1935年花石楼迎来了它的第二个主人——一个名叫埃非哈里斯的英国保险商人；1937年，它的第三位主人——英国驻青岛总领事入住这里；抗日战争期间，这里被日本人占用；抗战胜利后，南京国民政府把这里作为专门接待国民党高级军政要员的地方；中华人民共和国成立后，这里作为疗养之地，多位党和国家领导人下榻此处。

往事如烟，今天的花石楼依旧人来人往，寻常百姓穿梭其间，品味它的历史故事，登临高处，眺望依然潮起浪涌的大海。

青岛,这座城

太平角
最美海角观日落

告别八大关景区,沿着滨海太平角步行道前行过半,就可以看到太平角。这里说的太平角并不是指太平角公园,而是太平角海岬,一个伸入海中的尖形陆地与连接的海中礁石构成的小半岛。在青岛海滨众多风景秀丽的海岬中,太平角可以说是其中的翘楚,独特的地理位置和绮丽的景色,为这里带来了"中国十大日落观赏点"的美誉,对旅人来说,错过会有些可惜。

岛城人自古将这里称为"碌豆岛",直到近代中国从列强手中收回青岛主权后,为了祈盼青岛从此太平,政府命名了一批冠以"太平"的地名,如太平路、太平山、太平湾等,此岬角故而从此得名"太平角"。

如今这里是一处安静优美的旅游景点,海角内分为五处小岬角和五道小海湾,海岬衔接处有楔形礁岩,形成一个个小型海滩,海岬和大陆连接处则布满奇形怪状的礁石。礁石群突兀嶙峋,造型类似志怪中的鸟兽,令人浮想联翩;它们颜色各异,有红色、绿色甚至还有非常难得的蓝色,奇美绚丽;又有大小贝壳镶嵌其间,更显瑰丽异彩,是非常独特的海岸景观。成群的礁石非常适合鱼类栖息,故而聚集了大量小鱼,为景观增添了别致的灵动感。傍晚时分,漫步太平角步行道,远望太平角,日落生辉,观者也许能顿悟"天涯海角"之境界,而若能站立群礁之上,想必也会顿生闲适飘逸的心境吧。

第三海水浴场
新旧城区交接之美

　　从太平角步行道下来就到了第三海水浴场。这里又称"山海天浴场",距离新的城区中心地标之一——五四广场非常近,在浴场即可看到远处的五四广场以及广场右边的奥帆中心,每逢奥帆中心有灯光秀的时候,可以观看到非常摩登的现代景致。左边是摩天大楼,右侧是古典建筑,这种鲜明的新旧对比,也让第三海水浴场成为摄影爱好者钟爱的聚集地。

　　七八月的青岛气温极高,面朝大海好消暑,海水浴场便成了当地人和游客的天堂,没几个人能耐得住一湾蓝绿色清澈海水的诱惑。这里同样是免费,相比汇泉湾畔的第一海水浴场,地处太平角东侧湛山湾畔的第三海水浴场面积虽然相对小些,但也相对没那么拥挤,海水更为清澈,甚至可以看到层次分明的蓝绿色,沙滩宽阔,海浪平缓,又有礁石点缀,对于喜欢幽静的人而言,不失为一个好地方。另外提醒,浒苔滋生的时候,海滩不便活动。还有第三海水浴场冲淡水、寄存衣物需要付费,但这里的更衣室有热水提供。

　　即使不下海游泳,脱了鞋在沙滩上蹚海水走一走也很惬意,还可以顺便一观来此拍照的新人风采。若体能充足的话,建议绕着栈道转一圈,一路观赏礁石海滩,吹吹海风,起风时,浪高拍岸,海水蓝绿,有加州西海岸一号公路的影子。如果是晚上来,又是另外一种体验,届时这里的沙滩比起白天多了几分宁静,海滩边常有本地人自带帐篷来此活动,此时若在海滩的餐吧点上一杯饮料,听驻场歌手在海边吟唱,则使人忘忧。

奥帆中心一带

白天沿海滨步行道尽情享受碧浪海风，蓝天白帆之美；夜幕降临后，在码头搭乘邮轮出海，欣赏海岸科技建筑令人震撼的灯光秀夜景；下船后择一餐厅，就着海风享受一杯咖啡，是再惬意不过的青岛时尚。

青岛，这座城

浮山湾铺陈的都市时尚

　　市南区延安三路是青岛西部老城区和东部新城区的分界线，如果是沿着滨海步行道散步的话，过了第三海水浴场之后就算进入东部新城的观光范围了。

　　东部新城是青岛展示都市现代摩登最主要的一个窗口，而这一切不过发生在短短十几年间。1994年青岛市政府决定东迁，随后在香港中路附近建造了新的市政办公楼，并修建了五四广场作为新的城市地标，此后青岛的城市行政中心告别了以栈桥为原点的结构，与老城区以延安三路作为分界，与崂山区以麦岛路相隔。如果说市政府的搬迁开始了东部的第一波开辟，那么2008年奥运会决定以青岛作为帆船项目的比赛地点，则为东部城区注入了更多的活力和趣味，带来了东部景区的真正新生。在这之后以奥帆中心为核心的景区开始完善起来，将东部景观区沿着浮山湾畔连成一片。

　　到东部城区旅行，基本上只要沿着滨海步行道就能连起大部分的景点，因为它们与步行道一样都是沿着浮山湾畔而设计。东部新城的景点当然是以现代风貌和奥运帆船比赛的足迹为主的，在这里，可以参观代表着青岛五四爱国运动的五四广场，感受革命历史潮流的走向；而奥帆中心是青岛科技和现代化的最佳表达，这里的主要景点情人坝和燕儿岛山公园都不容错过；到了夜幕降临之时，搭乘邮轮出海，于海上观赏青岛现代科技建筑构成的震撼灯光秀，是观夜景的首选；在海岸边择一咖啡馆或创意餐厅享受生活，当然也是这里的标配。

青岛，这座城

五四广场
东部新城第一标志

　　中国近现代历史上著名的五四运动主要因青岛的主权归属问题而爆发，由此青岛这座城市永远地被刻在了中国近代反帝运动的丰碑上。1997年，青岛市政府在浮山湾畔、市政府新办公楼南修建了一个南北纵长700米，总面积约10万平方米，并以五四运动命名的五四广场，如今五四广场已成为青岛东部新城区的象征之一。

　　五四广场分为南、北两区，北区连接青岛市政府，是广场的中心区域；南区紧临浮山湾，是一座海滨公园。从空中俯瞰，笔直的东海路南北向横贯广场，广场中的主要景观均沿着东海路依次展开。东海路最南端是五四广场最具标志性的大型雕塑"五月的风"，这是一座高 30 米、直径 27 米、通体红色、重达 700 吨的雕塑，采用螺旋向上的钢体结构组合，呈现出极具动感的旋转腾升的"风"之造型。设计者运用这向上旋转的动感，来表现五四运动反帝反封建的爱国主义基调和张扬腾升的民族力量，深刻的寓意和动感的线条使"五月的风"成为青岛新城的标志。沿雕塑向北，是一处纵横各 9 排、共由 81 个地下喷泉口组成的"旱地点阵"喷泉景观，从海中抽取的水随着音乐喷至高空，是夏季广场上最受瞩目的风景。喷泉的北侧是五四广场中最大的可进行露天演出的下沉式广场，这里是青岛举办各类大型活动的主要场所，多届中国青岛国际啤酒节的分会场均设于此。

　　作为一个综合服务区域，除了来五四广场拍摄"五月的风"，观赏海水喷泉的壮观，这里如茵的草地也不失为一个歇脚的好去处。

青岛，这座城

滨海步行道
慢走拾贝海岸风光

到青岛旅行，一定要留一天给滨海步行道。于此步行或者骑车，慢悠悠地边走边看海听涛才算完整的青岛旅程。

西起团岛，途经太平路、汇泉路、黄海路、东海路、香港东路，东至石老人，全长为37千米的滨海步行道，因2008年奥运会而诞生。这条超美的散步健身城市步行道，还是

一个带状公园,串联起栈桥公园、中国海军博物馆、小青岛公园、鲁迅公园、第一海水浴场、八大关风景区、五四广场、石老人海水浴场等,将西部老城至东部新城的十几个主要旅游景点及几大重要景区完美呈现,从而形成一条独具青岛特色的海滨风景画廊。

　　漫步于滨海步行道,可以多角度欣赏青岛这座城缤纷的美:"天堑通途"团岛湾景观区,尽情参观浏览汽船航运;"城市的回忆"青岛湾景观区,观瞻青岛城市特色;"世纪凯歌,扬帆奥运"浮山湾景观区,展示青岛新区风貌及奥运帆船比赛;"渔家风情,海洋学堂"老龙湾景观区,感受特色生活区;"阳光海岸,古老传说"石老人旅游度假景观区,以自然景观为主……而这其中,与奥运关系最密切的要数浮山湾景区,这里是2008年奥运会帆船比赛的主要赛区,也是东部新城的中心,是青岛科技和现代化的最佳表达。

　　一条长长的滨海步行道将散落在海岸港湾的旖旎风光,若珍珠般有序穿起,在湿润的海风中徜徉,便可观览不同面貌的青岛之美。想要从西至东走一遭,有多种方式可以选择,建议步行加上自行车骑行,如果时间紧张,可以考虑观光车旅游线路和海上旅游线路。

"蓝海明珠号"邮轮
美不胜收的海上夜景

倘若是沿滨海步行道观赏了一天多彩多样的海岸风光,在晚上到达五四广场或奥帆中心附近,那么建议在邮轮码头购买一张船票,搭乘邮轮或者帆船,航行在苍茫大海上,从另一种角度欣赏青岛美不胜收的瑰丽夜色。

从五四广场到奥帆中心,一路分布多个邮轮码头,停靠了诸如"蓝海珍珠号""蓝海明珠号"等观光邮轮以及各种型号的帆船。这些令人眼花缭乱的船只中,停靠于奥帆中

心火炬码头的"巨无霸"——"蓝海明珠号"邮轮,是目前青岛前海海域中载客量最大的大型游船,是青岛"游轮观光"时代的开启者之一。它长 64.77 米,宽 15.60 米,可搭乘 298 个游人,是人们进行海上观光旅游、海上会议、海上婚礼的热门之选。邮轮整体装修不俗,共分为三层,针对不同的人群需求进行开放,一层是观光区,二层是餐厅和娱乐设施,三层则是私密包间。

若将搭乘"蓝海明珠号"邮轮作为旅途体验之一,可关注它每天的开船时间,目前是每天上午和下午各发一趟船,周五至周日加开"晚上看青岛"夜航。路线是从奥帆中心出发至栈桥往返,行程约 1 小时 20 分钟,途经浮山湾、太平湾、汇泉湾、青岛湾四大海湾,还有奥帆中心景区、五四广场景区、音乐广场、太平角、海水浴场、八大关景区、汇泉角、鲁迅公园、小青岛公园、栈桥等 10 多个前海主要景点。

青岛奥林匹克帆船中心

2008年北京奥运会水上项目比赛地

青岛奥林匹克帆船中心是东部新城的一个标志性建筑,是2008年北京奥运会和第13届残奥会帆船比赛的赛场,这里曾诞生了11枚金牌,举办了奥运史上的首次海上颁奖。而今,奥运精神还在这里熊熊燃烧着。

当年为了迎接奥运会帆船比赛,青岛打造了奥帆中心这个"帆船之都",其占地面积约0.45平方千米,其中场馆区0.3平方千米,赛后开发区0.15平方千米,规划、设计均

达到世界一流水平。奥帆中心依山傍海，紧邻五四广场和东海路，与市政府大楼咫尺相望，背靠燕儿岛风景区，风景优美。基地内奥运分村、行政中心等现代化展馆错落有致、临海而立；浮山湾码头上停靠着的数艘游艇随波荡漾、帆影点点；主防波堤宛如长臂探入海中，被打造成著名的观光景点，景色醉人；附近的奥帆博物馆、海上剧场设计时尚，是代表着世界水准的高科技建筑。

　　沿滨海步行道可从奥帆中心西边的彩虹桥走到最南端的情人坝灯塔，大约3千米，途中可以尽情享受碧浪海风、蓝天白帆之美。帆船码头和情人坝是游览奥帆中心不可错过的景点，傍晚时分，迷人的城市灯光秀上演：帆船码头西侧的巨型奥运火炬亮灯，隔海与五四广场"五月的风"相呼应，令人震撼，而情人坝白色的灯塔也是耀眼夺目，远处近处一片灯光璀璨，瑰丽华美。到了晚上七八点，还可以选择在码头搭乘邮轮、帆船出海玩乐，进一步看青岛夜景，又或者择一酒馆，吹着海风，享受一杯美酒，再惬意不过了。

青岛，这座城

情人坝
180度浮山湾灯光秀

在青岛玩，建议多走路，可以看到更多更美的风景。看夜景很多人会选择五四广场，但其实可以沿着海岸线向东走到奥帆中心的情人坝，这里人群相对较少，能看到的夜景更全面，视觉效果也更好，就连本地人也经常流连此处，因为除了可以180度纵览青岛浮山湾夜景和灯光秀，这里的寓意也很好。

情人坝在奥帆中心的最南端，是一条宛如手臂般缓缓探入海中的长堤，全长534米，宽47米，原为2008年北京奥运会帆船比赛所用，是集多种功能于一体的景观之堤，既能阻挡海浪对港区的侵袭，又设计了阶梯式斜坡台作为观景地，同时还具备太阳能发电功能。防波堤顶端的白塔采用传统圆形塔身和白色主题，塔高20.08米，寓意着2008年青岛奥帆赛，同时灯光起到导航船只的作用，如今白塔也是奥帆中心两岸灯光秀中著名的一部分。奥运会结束之后，防波堤被打造成情人坝，增添了无数浪漫元素。

"牵手走过情人坝，再大风浪也不怕！"傍晚时分，尤其适合与心爱的人在情人坝上散步，一道长坝伸向海中，末端是一座灯塔，像是在对大海进行探寻，又像是时时召唤着它的归途，让人顿生一种山盟海誓的仪式感。又或者遥想比赛时"千帆竞发，百舸争流"的壮观场面，骄傲自豪之感油然而生。天气好的时候，远处海水蔚蓝，与色彩变幻的晚霞，低空翱翔与人亲近的海鸥，构成一幅落日景观图，相当醉人。夜幕降临之后，两岸灯光陆续被点亮，欣赏青岛前海夜景的时候开始了。

青岛，这座城

燕儿岛山公园
秋高潮涌，尤为可观

"燕儿岛环浮山所之东，半岛孤悬，作飞入海中之势，秋高潮涌，尤为可观。"在有关青岛的史料《青岛概要》中，这样描述燕儿岛。20世纪30年代，燕儿岛因海蚀作用，礁石林立，每逢秋季大潮，惊涛骇浪拍打堤岸，非常壮观，"燕岛秋潮"因此成为"青岛十景"之一。在燕儿岛上看"潮"，尤其是岛东南部，排浪趁风势，汹涌而来，如雄武的骑兵阵营，勇敢地撞击到礁石群上，澎湃有声，洁白的浪花飞上半空，在阳光下迷蒙落下，令人陶醉。

　　燕儿岛古称燕岛，位于浮山湾东端，是一个突出海中的岬角，在青岛开埠之初，只是一个海边的荒芜之地。清代《即墨县志》记载："每年秋天，海鸟迁徙，成群海鸟聚集，停留其上歇息，故名。"燕儿岛之于青岛，一度是军事要塞，兵家必争之地，它见证了青岛的历史，也经受了战争的烙印，更有相当长一段时间由于建设船厂，与世隔绝。直到中国申奥成功，奥运会赋予了它新的生命，在此建设的奥帆中心，使得燕儿岛以公园的形式再度走进人们的视线，"燕岛秋潮"美景再度焕发生机。

　　著名作家苏雪林于青岛居住期间，这样评价燕儿岛："燕儿岛浴场海湾宁静，环境幽美，海天一色，虽然距市区远，游泳的人很少，但这正是它的特点。"不得不说，这个藏身于市区海岸线旁的公园，有着一种无与伦比的静谧与浪漫。它很好找，与情人坝相连，靠近五四广场，交通非常便利。公园内海域清澈干净，漫步其间尽是清新的海风和茂盛植被的气息。公园里的滨海栈道以大海、峭壁为左右，峭壁下鲜花盛开，于此摄影有着独特的韵味，而登上阶梯高处的平台放眼望去，可以将茫茫大海纳入眼帘，景致很好。

青岛，这座城

MRLEATHER 手工皮具店
快生活中的慢节奏

　　高科技和工业流水线使得现代生活的节奏越来越快，带着焦虑感的更新换代、便利的购买渠道，几乎让人很难对物品有持续的爱护，更别提珍视地将物品使用一辈子了。古老年代那种花上漫长时间，手工制作生活物品所带有的价值和精神寓意似乎已经离我们有点远了。

　　幸好还有一些人仍然在坚持着手工制作。这是一家位于山东路万象城的 MRLEATHER 手工皮具店，它之所以得到很多人的青睐，并不在于店里多样的皮艺成品，而在于它的手

工皮艺课。MRLEATHER 的面积不算小，一层是手工皮具成品销售区，种类和款式多样，大到女式背包、挎包、手包，小到卡包、笔袋都有，此外也提供修改和打孔服务。二层以 DIY 皮具教室为主，在这里可以学习到很多皮具知识，接触简单的皮具制作，是很多大人乃至小朋友都很喜欢的场所。

MRLEATHER 的 DIY 课程费用不算低，但经常进行主题团购活动。DIY 皮具教室可以学习制作的皮艺种类比较多，如皮带、钱包、钥匙扣、卡片夹等，店里有指导老师进行步骤教学，因此第一次接触的"小白"都可以轻松参与。制作时间则根据不同成品而长短不同，一般花上 1~4 个小时即可亲手制作一个日常生活中既实用好看又富有寓意的手工皮具。由于手作是一个每一步都需要自己动手慢慢完成的活动，非常锻炼耐心，因此有很多家长喜欢带小朋友一起参与。

削边、封边、打磨、打孔、安装螺丝……一步一步，从无到有，带着对手艺的尊重，带着对所爱之人的一片心意，将爱一点点融入手工制作中，亲手制作的作品是一份独一无二的珍贵礼物。

青岛，这座城

Go wow coffee
海边别墅里的"汪星人"乐园

  我不在旅行，就在咖啡馆里，不在咖啡馆里，就在去咖啡馆的路上。对于很多来青岛这座海岸城市旅行的人来说，不进咖啡馆消磨一番时光，好像就少了那么一点儿海岛味。咖啡馆与海岛的绝妙搭配使得青岛的咖啡馆遍地开花，争奇斗艳，而其中就有多家以萌宠作为形象大使的宠物咖啡馆。

  Go wow coffee 算是青岛比较早的"狗咖"，本地人中喜欢"撸狗"又喜欢咖啡馆的人差不多都知道这里。听闻店主是一位北方人，有很长时间的养狗经验，在青岛海军退伍

后便开了这家狗主题咖啡馆，初衷是想给狗一个更好的活动空间，听起来真有一股"铁汉柔情"的味道。

这家"网红"咖啡馆最早开在万达CBD里，如今搬到了东海路龙翔广场附近的独立二层民居别墅，百米外就是海边，环境优美安静。一进门就可以看到院子里的小栅栏、花草秋千花架和海洋球小水池，景观精巧可爱。进入一层的大门，需要先用店里配备的免洗洗手液进行清洁，一楼的狗较少，配有榻榻米，比较适合想静静待着的人。大部分狗主要集中在二楼，这里宽敞明亮，适合各种"撸狗"、拍照，也可以买狗粮或者酸奶进行投喂，桌上还有介绍店里所有"汪星人"的卡片书。相对于以懒洋洋著称的"喵星人"，"汪星人"则多了一分憨厚，店里有金毛犬、贵宾犬、柯基犬、柴犬等品种的狗十几只，它们各有特色，有的一副高冷范儿，任你怎么逗也装看不见；或者温情范儿，捏一捏就用大眼睛默默看着你索要吃食……各种相处模式大大满足了爱狗客人们的宠物欲。此外，除了喝咖啡、"撸狗"，这里还是狗爱好者们常来交际的地方。

听海花园创意餐厅·酒吧（澳门路店）

青岛日料的创意新生

　　青岛这座城市对饮食的态度多元且包容，诸如鲁菜、川菜、粤菜、淮扬菜等特色菜系在这里遍地开花，除此之外，岛城的日本料理和西餐厅也特别出众。

　　中航翔通游艇会正对面的听海花园创意餐厅·酒吧，主体是一个搭配院子的玻璃房，如果你是在华灯初上的时候到达，门口的植物随海风轻轻摇曳，衬托着餐厅透露出来的耀眼光芒，可以体会到一种温暖和美食的诱惑。身处餐厅中，通过玻璃幕墙则可以远眺奥帆

中心，视野相当不错。

　　店内整体装修风格有型精致，格调清新，令人感官舒适，吧台的装修风格有点酒吧的感觉，但其实并不嘈杂。店内大部分时间主打日料餐饮，晚上9点以后会有一点酒吧风格，这时候外场还有歌手驻唱。用餐可以选择室内及室外的露天位置，听海花园的菜品种类不算特别多，但整体性价比不错，主打的鳗鱼饭、芥末章鱼是很多到此用餐的人必点的，另外火警虾、大费城卷也很别致美味，味道会让人惊喜。除了日料，这里夏天还有户外烧烤，别看是主打日料，但烤串做得也是毫不含糊，可以说是非常适合喜欢晚上9点以后来喝酒用餐的人群。总之，这是一家从环境、食物到服务都让人感觉舒适美好的餐厅，用餐的人比较多，如果不想错过，建议提前预订。

青岛啤酒厂还带着余温的原浆啤酒,通过一条条纵横交错连接到各家餐厅和酒吧的输酒管道,直接打入高深的玻璃啤酒杯中,畅饮一杯,就是令人沉醉的人间至味。

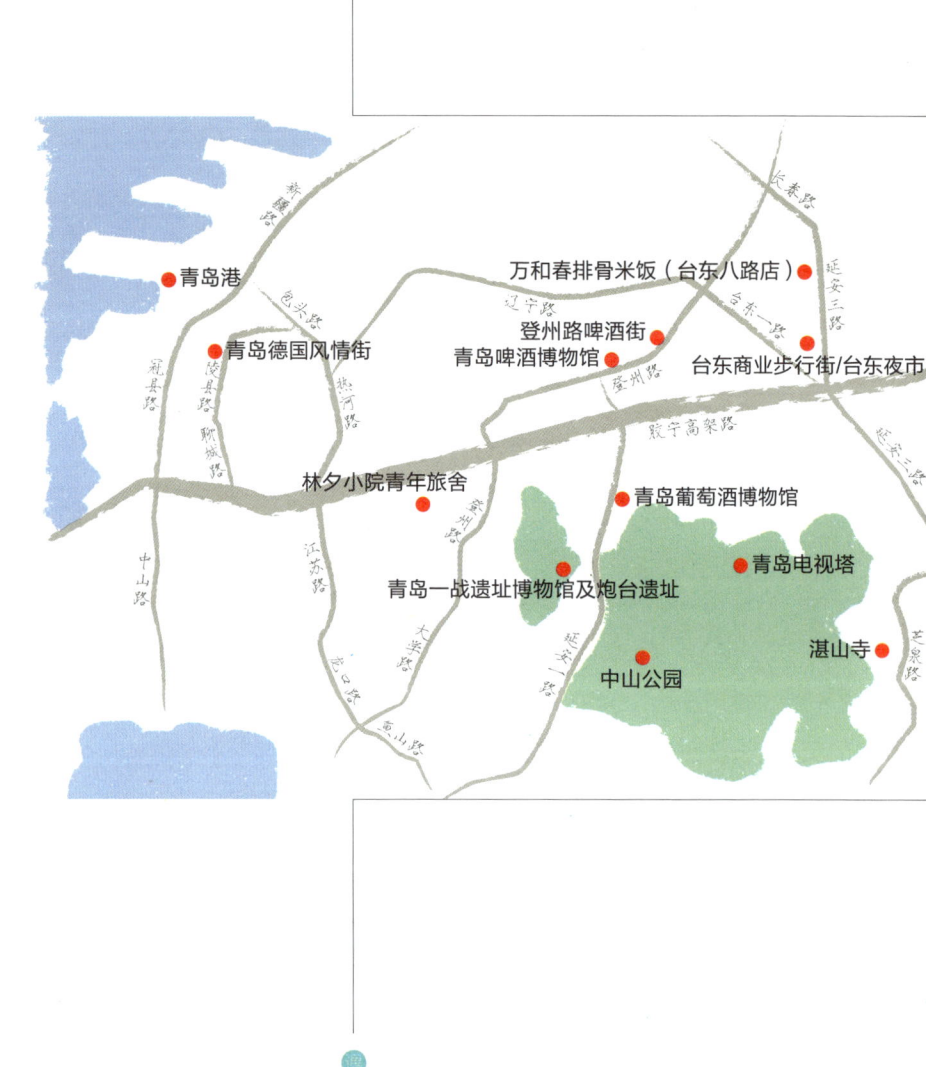

青岛,这座城

动静结合的岛城之美

到市北区青岛港及周边游玩,能够完全体会动静结合的青岛之美,绝对是一次无法替代的美妙旅行体验。

市北区的夜晚是动态迷人而多层次的。入夜了,经历了百年风雨的国际贸易港——青岛港仍然汽笛长鸣,不知疲倦,机械手在如山的货柜中穿梭,面向世界迎来送往的步伐永不停歇,而毗邻中山路的馆陶路青岛德国风情街,则是当年青岛港繁荣兴盛的缩影。过去的经济金融中心,随着时光而日益出彩。百年酒厂青岛啤酒带来了登州路啤酒街的喧嚣,这里的夜晚流光溢彩,放眼望去,尽是酒香弥漫的店铺,最令人沉醉的时刻莫过于还带着余温的原浆啤酒直接流入你的杯中,简直是人间至味,一杯啤酒浓缩的是这座城市不尽的沧桑和梦想。镜头回到台东商业步行街,"朝观壁画夜赏灯,购物休闲在台东",属于夜晚的台东夜市的热闹才刚刚拉开序幕……这就是市北区,青岛工商业发祥地,聚集了港口、啤酒、纺织等民族工业,代表着古老的青岛经济金融中心,而工商业经济的繁荣又给它带来新生,诞生了像青岛啤酒博物馆、青岛葡萄酒博物馆等工业文化,与原有的民俗文化一起,沉淀成这个区域无可替代的商业风。

与市北区相连的市南部分,则与工商业热闹繁荣的"动态之闹"形成鲜明的对比,它是一种"静态之思",这种对比使得在这一带观光旅行的人能够充分体会"动静两相宜"的青岛之美。青岛山公园内著名炮台是第一次世界大战亚洲战场战争遗址;市内最大的公园中山公园的2万株樱花在5月盛开时,盛景似仙境;"湛山一角夏如秋",岛城市区唯一佛教寺院湛山寺的夏秋时节静美悠远……

青岛,这座城

青岛港
百年贸易港的沧桑历程

经过四十几天的海上航行,一艘装载了 40 万吨铁矿砂的巴西货船到达青岛港董家口港码头,当它稳稳停泊,大型卸船机开始工作,它稳当地吊起装载铁矿砂的车厢,按照电脑所控制的流程,将车厢卸载在皮带机上运送到堆场……这只是每天发生在青岛港各个码头日常的一幕,这些大型机械在堆积如山的货柜中有条不紊忙碌的场景,让商人们热血沸腾。

　　面积72平方千米、年运营能力达到6亿吨的董家口港区是青岛港的其中一个港口，再加上大港港区（老港区）、前湾新港区和黄岛油港区，才是百年老港——青岛港的全部，它在全球排名第七，是集航运、物流和金融于一体的综合港口。位于胶州湾畔的青岛港有多久的历史，青岛就有多久的历史，它们相伴而生。

　　1891年之前，青岛只是即墨市的一个小渔村。1891年，清政府派登州镇总兵章高元驻防青岛，青岛正式建置，为了运输军事物资，清政府在青岛湾内兴建前海栈桥和衙门桥码头，青岛港由此开埠。青岛港濒临黄海，与日本和朝鲜半岛隔海相望，拥有天然的深水航道，常年不淤不冻，浪小水缓，是中国少有的天然港口。这些优势使得在此后的半个世纪，青岛港成了德、日、美等列强登陆中国的口岸通道。20世纪70年代，中国实施改革开放，青岛港开始新的发展，并逐渐进入新时代的国际征途。1976年，青岛港开始第一次集装箱业务，它开始成为日益重要的承载贸易的港口。1992年初，青岛港开通第一条国际航运干线……经过了百年的风雨磨炼，如今的青岛港，拥有国内港口规模最大的集装箱EDI系统，是中国沿黄河流域和环太平洋西岸的国际贸易口岸和中转枢纽。

青岛,这座城

青岛德国风情街
20 世纪 30 年代的"青岛华尔街"

青岛的老城区里处处充满德式风情,不过要是论哪里最富有旧时金融商业气息,非馆陶路的德国风情街莫属,不过短短千米长的一条路,却集中了 60 余家商行、银行旧址,是 20 世纪 30 年代的青岛经济金融中心。

相较于毗邻的中山路,位于北边的馆陶路名气逊色些,以至于有些人会略过。然而要是时间倒退 100 年,这条从南到北大约 1000 米的道路,可以说是无人不晓,这可是青岛最早的金融街,见证了当时青岛进出口贸易的商业繁荣景象。

　　馆陶路地理位置优越,边上就是海关,距离青岛火车站和青岛港都很近,而当时的胶济铁路就从旁边穿过。德国人为了收税便利,于1899年在馆陶路规划了洋行一条街。到了20世纪30年代,这条路上集中了来自8个国家的60多家银行和洋行,主要从事进出口贸易,贸易商品则在中山路进行销售。当时的馆陶路俨然一派"青岛华尔街"景象,各国商人、银行家出没在一栋栋大楼里,步履匆匆,他们影响着整个华东地区的经济及沿海地区的进出口贸易。中华人民共和国成立后,馆陶路曾一度沉寂,直到20世纪90年代,青岛与德国的经济往来和文化交流日益增多,到了2009年,市政府重新规划馆陶路,将馆陶路旧址建设为青岛德国风情街。

　　如今行走在馆陶路上,依然能寻找到百年前商业繁荣的印迹。日本正金银行,英国汇丰银行、渣打银行,德国德华银行,法国万国储蓄会等银行旧址如今依然存在,虽然用作了商铺,却仍然可以让人感受到历史留下的厚重气息。

登州路啤酒街

畅饮最鲜青岛原浆

青岛人爱喝啤酒，来青岛的人基本上都会尝一尝，因为近水楼台，闻名世界的青岛啤酒厂就在这里。很多人选择8月来青岛，除了享受夏天的海湾清凉，更重要的是参加中国青岛国际啤酒节。在这个青岛每年数一数二的狂欢畅饮节日中，餐桌上、酒吧里，大街小巷随处可见清凉爽口的啤酒，可以说只要有人的地方就有青岛啤酒。

对于青岛人来说，一杯啤酒浓缩的是这座城市不尽的沧桑和梦想，它是青岛这座城市的名片。而讲到青岛啤酒，又离不开它的发源地登州路。由于是青岛啤酒厂所在地，登州路原先就聚集着不少啤酒餐饮商户，2004年之后，政府在原来商户基础上依托青岛啤酒厂，重新打造出登州路啤酒街，直接把各色的酒吧、餐厅建在青岛啤酒厂的南门外。啤酒街"酒味十足"，仅有800多米长的街道两边，分布着大大小小近百家酒肆、酒吧和餐厅，处处溢满了啤酒的元素，中心广场露天的啤酒客厅中有国内最大的啤酒展示柜、中国最大的啤酒罐、由1903个酒瓶组成的"九"字雕塑等。啤酒街专门铺设马牙石路，走在路上，头顶是宛如波浪起伏曲线的帐篷，身边是红砖白边的欧式建筑，令人仿佛置身在当年的啤酒盛事之中。

入夜后，在街灯和酒吧灯火的映射下，整条登州路流光溢彩，放眼望去，所有店家都悬挂着的青岛啤酒标志闪耀迷人、富有情调，简直就是啤酒的世界。最令人沉醉的时刻莫过于从青岛啤酒厂连接到各家餐厅、酒吧的输酒管道，把酒厂中还带着余温的最新鲜的原浆啤酒直接打到你的酒杯中，简直是人间至味。

青岛，这座城

青岛啤酒博物馆
啤酒与青岛的百年之缘

　　2003 年对青岛啤酒厂来说是一个至关重要的年份，因为这一年是它的百年庆典。青岛啤酒厂作为一家历史悠久的啤酒制造厂，前身是 1903 年 8 月由德国商人和英国商人合资在青岛创建的日耳曼啤酒公司青岛股份公司，距今已经 100 多年。在其百年庆典之际，青岛啤酒博物馆落成并对外开放。

作为青岛啤酒企业文化的重要组成部分，也是国内首家啤酒博物馆，青岛啤酒博物馆的设立具备历史意义和现代功能，参观者不只能在这里品尝到最新鲜的原浆啤酒，更可以在这里了解青岛啤酒的发展历程，接触深厚的啤酒文化底蕴，学习啤酒先进的生产工艺流程。博物馆于青岛啤酒一厂旧址基础上建立，展出面积达6000余平方米，共分为百年历史和文化、生产工艺、多功能区三个参观游览区域。百年历史和文化当数核心展区，在这里，顺着时空的脉络，可以了解啤酒的神秘起源、青啤的悠久历史、青啤数不胜数的荣誉等。生产工艺展区则可看到老建筑物、老设备及车间环境与生产场景，在生产流程中每一个代表性部位放置的放映设备，都形象地介绍了青岛啤酒的生产流程及历史沿革。多功能区则是品酒区和购物中心，可以在这里品尝多种不同品质的新鲜青岛啤酒。参观结束后，可凭门票换一杯原浆啤酒畅饮。

青岛，这座城

青岛葡萄酒博物馆
在地下 20 米领略沉醉

在青岛，除了啤酒博物馆可以让你感受这座城市与啤酒的不解之缘，还有一座国内首家葡萄酒地下博物馆，向你呈现青岛丰富多元的酒文化。

青岛葡萄酒虽然不比啤酒名气大，但也有将近百年的历史。1912 年德国人克拉克在湖南路开办的一家葡萄酒作坊成为青岛葡萄酒厂的前身；1930 年，德商美最时洋行出资并购酒坊，建设"美口酒厂"；1947 年，美口酒厂附属于青岛啤酒厂，并在 1959 年改名

为青岛葡萄酒厂;1964年,青岛葡萄酒厂正式独立运营,是青岛唯一的葡萄酒生产企业,"青岛"葡萄酒成为国内为数不多的最早的几个葡萄酒品牌之一。2009年,市北区政府改造百年酒窖,建设了国内第一家以葡萄酒为主题特色的地下博物馆。

博物馆位于国际葡萄酒街,利用原来延安一路地下人防工事改建而成,总占地面积8000平方米。堆叠着酒桶主题艺术品和酒桶造型的入口,十分醒目。主题展馆位于地下20米,这样的温度、湿度环境十分利于葡萄酒的保存,馆中珍藏着很多历史悠久的葡萄酒。博物馆地下主通道长192米,分神泉馆、器皿馆、商务会馆、葡萄酒历史馆等展区,追溯了葡萄酒的起源和历史,展现了葡萄酒的文化与品质,真实再现了葡萄从种植到酿造成美酒的全过程及工艺流程。最有意思的是仿造自然设置的"葡萄雨林馆",置身其中就像走入葡萄庄园,馆内还结合各个葡萄产区加入知名酒庄知识,全球葡萄美酒信息可谓一览无余。而木桶窖藏区则有一个巨大的橡木酒桶,令人赞叹。最接地气的是"葡萄酒银行",对葡萄酒钟爱的人可以在这里直接进行葡萄酒投资和交易。参观完博物馆,走进世界酒吧品尝几杯美酒,在酒窖博物馆内品尝葡萄酒也是一种特殊体验。

台东商业步行街／
台东夜市
朝观壁画夜淘宝

　　如同北京王府井、上海南京路、成都春熙路一样，青岛老城区中心的台东商业步行街也是一条人头攒动、充满时尚气息的商业街，被誉为青岛的"国际金街"。东起延安三路，西至威海路，全长1000余米，以这条路为核心向四周辐射开的区域形成了青岛五大商圈中最大的台东商圈。

"朝观壁画夜赏灯,购物休闲在台东"是台东商业步行街的真实写照。进入步行街,可以欣赏到沿街两侧的旧建筑,以及6万余平方米的墙面上色彩斑斓、造型生动的大型彩绘壁画。这是由清华大学、山东大学和青岛大学的艺术家团队进行的凌空绘画,在国内是首例,也是这条步行街最大的特色之一。而充满时尚元素的商场、现代气息浓郁的商品、大街上三五成群走过的时尚男女,无不彰显着这里是年轻人偏爱的购物场所。

华灯初上,台东商区就开始喧闹起来,夜市就此拉开了序幕。台东的夜市分成两大部分,以台东三路步行街为界,人和路的西段属于跳蚤市场,以流动商贩为主;而在人和路的东段则是带有遮阳篷的固定摊位。每天下午4点开始,夜市就陆陆续续地上摊儿了,一直到大约凌晨时分才结束。如果你是个喜欢"扫街"的人,那么夜市中的商品种类丰富,绝对只有你想不到的没有你看不到的,而如何在琳琅满目的商品中用你的"火眼金睛"挑选出最适合自己的宝贝就要靠运气了。在这里还可以买到一些价格便宜又好玩的青岛手信。

青岛一战遗址博物馆及炮台遗址

一战著名战争遗址

青岛山炮台遗址位于青岛山的山腰上。青岛山也称京山,海拔128米,是青岛市内第二高山,位于中山公园西侧。由于地处要地,清朝时就在这里建设兵营,德占时期,德军在山南建设了青岛最大的炮台,命名为"俾斯麦炮台",并在西南修建了俾斯麦兵营,俾斯麦炮台在日德战争中发挥过重要的作用。

如今青岛山被开辟为山头公园,风景秀丽,山顶树木花卉四时不同,是岛城登高览胜的绝佳观景平台。1996年,市政府修复了炮台旧址的地下指挥部,并在山下修建了青岛一战遗址博物馆。良好的公园生态环境使得青岛山成为市民及游人喜爱的公园之一。

炮台地下指挥部始建于1899年,分为上中下3层,共3个主要功能区,总面积1600平方米,有42个房间,顶部有钢质旋转瞭望塔。主要参观点有德军最高指挥官军事作战研究室、炮兵指挥室、海军指挥室、地下指挥部、瞭望塔等,是目前国内保存最完整的、规模最大的、设施最完善的地下军事设施,也是第一次世界大战亚洲唯一战争遗址。

青岛一战遗址博物馆运用高科技全面呈现了自1891年至1922年的青岛早期历史。馆内分为上下两层,面积1200平方米,分为胶澳设防、胶州湾事件、德国的殖民统治、日本的军事侵略、苦难与抗争、五四运动与青岛等6个部分,并展出了珍贵的历史图片和实物。二层主要陈列了各种二战时期的武器,还有一个全貌沙盘真实再现了百年前德、日侵占时期的青岛面貌。

中山公园
在市内最大的公园赏樱

中山公园是青岛的第一座公园,也是青岛市内最大的公园,位于市南区中部,背靠林木深秀的太平山,与汇泉湾相邻,南向大海,园内树林葱郁,植被繁茂,曲径通幽,是青岛人所钟爱的休闲场所。

中山公园所在地原是"会前渔村"的遗址。1901年后,德国人先后将此地辟为森林公园,最初是用作植物实验场,引进了170多种花草树木进行试种,可以说是集中了世界各地的

花草树木，其中最富特色的是种植在公园东部的 2 万株樱花，成为公园独特的景致。"东园花海"为"青岛十景"之一。

中山公园是很多人所喜爱的亲子娱乐公园，除了茂盛的植物和新鲜的空气，园内还有孙中山雕像、会前村遗址、孙文莲池和儿童公园、植物园、小西湖等景点，后来又新增了游乐场、欢动世界等儿童喜爱的娱乐项目。从这里坐索道缆车前往太平山，欣赏优美的景观，遥望远方的大海，也是一种不错的选择。此外，中山公园还会举行众多的节庆活动，其中每年 4—5 月举办的大型樱花会是最有名的。届时，有近百年繁衍历史的 2 万株樱花同时盛开，淡粉和浅红的重瓣樱花堆满树枝，灿若云霞。落英缤纷，如梦似幻，铺满樱花的长廊繁花似锦，不似人间，景致浪漫至极。漫步樱花林中，飘逸妩媚，有一种无尽的喜悦，仿若这成片的樱花要把你的身体轻盈地托起来，放入迷人的梦境之中。

青岛,这座城

青岛电视塔
从城市上空看岛城全貌

青岛电视观光塔坐落于风景秀丽的榉林公园内的海拔116米高的太平山上,塔体高232米,是全钢结构,该塔被评定为"中国第一钢塔",为青岛建置百年的新标志之一。

有"青岛之窗"美誉的观光电视塔于1992年奠基,历时两年多竣工,为上海同济大学马人乐先生设计,塔的技术水平达到世界先进级别,集电视接收发射和旅游娱乐多种功能于一体,是青岛后起的有名观光景点。观光塔由钢架结构的塔体、塔冠、塔碟、塔球

和发射天线组成。塔冠为青岛奥运大厅,作为申奥的精彩内容中重要的一部分,大厅在2001年正式揭牌,此后几年间主要承担着奥运宣传活动。塔冠分三层,现设有游客纪念品商场、贵宾室、五环直播室、文化博览厅、工艺品商场等,是一个集公众游览和商业于一体的综合场所。塔碟高110米,直径32米,现为一处有旋转平台的餐厅,餐厅内230平方米的环形露天观光平台,可容纳200人用餐,是远眺青岛市内美景的最佳场所。塔球则是高空观光层,配套有音乐茶座,是岛城的最高休憩园。

  在岛城最高的餐厅就餐,身处能把岛城全貌看得清清楚楚的地方,俯瞰秀丽岛城,观赏它的蓝天白云和红瓦绿树的完美结合,将错落有致的新旧建筑和海陆风光尽收眼底,享用餐厅提供的岛城精致美食,回味这座城精彩跌宕的古今故事,会是一次独特而难忘的体验。

湛山寺

掩映在秀丽山色中的佛教寺院

　　湛山寺是岛城市区最有名的一座佛教寺院，也是唯一的一座佛教寺院。它位于湛山脚下，植物园东面，笼罩在一片秀丽山色之中，自有一种佛教的禅意和境界。

　　该寺筹建于20世纪30年代。1931年夏，原南京国民政府交通部部长叶恭绰、佛学家周叔迦等人倡议修建一座佛刹，得到当时青岛市市长胡若愚、青岛市佛学会会长王湘汀

等人的支持和赞助。1932年4月,湛山寺寺院破土动工,历时13载而成,时任哈尔滨极乐寺住持的淡虚法师来到青岛主持寺院的修建工作。寺院建成后成立了"湛山佛教学校",曾有多位国内高僧,包括弘一法师都曾来此讲经说法。每逢节庆,这里香烟缭绕,人头攒动,尤以除夕至正月香火最为旺盛。

湛山寺周遭环境静谧,植被葱茏,灰墙灰瓦镶红色门窗的寺庙隐约其中,意韵悠长,夏秋时节尤其美。寺内建筑按照中轴线展开,为山门、钟鼓楼、天王殿、大雄宝殿、三圣殿、卧佛殿以及坐落在寺院岩石山丘上的药师塔。山门前镇守的石狮,原为北魏时期遗存;寺前石砌莲花池夏季莲花盛开,柳叶轻拂,碧水生凉;藏经楼内藏6000余册旧时佛教经卷及大量的古代佛像;重约8吨的奥运和平钟是中国目前最大的钟……避开人多的时候前来湛山寺,在寺内随便找一个角落坐一坐,都是一种身心的放松。

青岛，这座城

林夕小院青年旅舍
青岛的文艺小清新

莱芜二路是德占青岛后最早修建的道路之一，而林夕小院青年旅舍就在这条路上。拐过齐东路市场，在街角就能看到这栋门口爬满爬山虎的老房子，房子原是有近百年历史的日式别墅，时光沉淀下的斑驳红墙配上清新活泼的绿色植物，看起来十分抢眼。林夕小院的门口真的不算大，但进去却别有洞天，院子里有秋千座椅，适合夏天傍晚坐在外面纳凉；

大花房改成了咖啡馆,咖啡馆的玻璃窗色彩斑斓,文艺温馨;房间还算温馨宽敞;二楼阳台则开放使用,晚上坐在上面喝酒聊天很是惬意。

虽然林夕小院名字文艺,装修风格也清新,但院内还是极富生活气息的。除了提供住宿和咖啡,还经常举办各种主题活动,可以随时变身为酒吧、茶室、电影院,甚至变身为大厨房,夏季定期举办的烧烤活动人气最旺,所选用的海鲜都是当日打捞的,算是真正的本土料理,受到客人的一致好评。在这样热闹的氛围中,旅人很容易融入其中,好像是到了青岛友人家中,一起欢聚一起分享故事,留存成美好回忆。

出了院子,去景区玩耍也很方便,临近火车站和天主教堂,步行十几分钟可以到达信号山公园、观象山公园、总督府、江苏路基督教堂等,距离大学路文艺咖啡一条街500米,海洋大学老校区、小鱼山、青岛名人故居等,散步10分钟即到。

万和春排骨米饭
（台东八路店）
肉食者不容错过的美食

作为"青岛十大小吃"之一，兴起于 20 世纪 90 年代并迅速热门起来的排骨米饭被印在很多宣传册上，与啤酒、海鲜、锅贴等美食一起广为流传，几乎成了很多外地游客心目中青岛美食的代表。

在青岛，论排骨米饭的名气榜，万和春当排行前列。这家是 1985 年在台东威海路上

开的第一家排骨米饭店,据说是其创始人根据百年的祖传配方,秘制出"出色、出形、出味、出香"的独特排骨料理,从而将一家只卖排骨和米饭的小店,带入了青岛美食品牌的行列,成为青岛有名的地域美食之一。

  当地人会推荐无肉不欢的朋友去试一试万和春,去者可能初听不以为意,因为排骨和米饭是看似再简单不过的平常食物,但抱着"去吃一次也不错"的心态也就去了。位于台东八路的万和春,用餐时间人声鼎沸,诱人的排骨香和话语声交织在一起,有股热闹的烟火气息。端上来的排骨会告诉你,这趟还是值得的:夹起来,排骨的肉炖得很酥烂,骨肉基本分离;入口不柴有味,香而不腻,吮吸骨髓里的汤汁,香浓盈腔;再给香软的米饭淋上浓稠的汤汁,简直可以连吃三大碗。推荐购买套餐,价格比较合理。喜欢海鲜的可以选择海鲜砂锅,搭配的白菜是胶东特有的,海带根部厚实,口感也很好。

碧波荡漾的大海中,有一座形如老人的石柱,它以手托腮,凝神注目,晨迎朝霞,暮披晚晖,伴随着大海潮起潮落,坚守着崂山区海岸的传奇色彩。

青岛，这座城

"双重性格"海岸神话

搭乘公交车只要一个多小时,就可以从市区到崂山区登山看海,感受比纯粹海岸风情更复杂多面的山、海、城之美。

崂山区连接着东部新城,地处岛城东南部,绵延狭长达100千米的海岸线成为海滨旅游重要的一部分。区内有石老人国家旅游度假区和崂山国家风景名胜区。而石老人国家旅游度假区沿海带状分布,地处海滨风景区和崂山名胜区之间,以山海风光、啤酒文化和渔村民俗为人所称道。神话传说又为这里披上了神秘的面纱,使其带有更为奇特的吸引力。

如果说岛城的每个地方都有时间沉淀后的性格和气韵,那么石老人国家旅游度假区的气质是属于激情沉淀后的一种大气磅礴,当你对它一品再品时,会感知到它"双重性格"的气度和魅力。青岛占地面积最大的石老人海水浴场虽滩平坡缓却风浪大暗沟多,是对来者水性的挑战;海昌极地海洋世界是青岛目前最大的主题公园之一,有萌萌的极地和海洋动物;视线转回城中,作为亚洲最大的国际啤酒城,青岛国际啤酒城国际啤酒节期间的热闹可以说是盛况无比。然而在这种极致热闹里面,谁又想到这里还有静谧清幽的青岛市博物馆;无论你登上浮山森林公园里的哪一座山头,都可以俯瞰山、海、城相依相衬的岛城美景,享受一种美好而安宁的视觉盛宴,宁静背后却又是浮山峥嵘的山势,吸引了无数攀岩爱好者来此寻求刺激……绝对可以说,崂山区充满了迷人的双重性格。

中华人民共和国水准零点
中国海拔高度开始的地方

珠穆朗玛峰海拔 8844.43 米，泰山主峰海拔 1545 米，地理学中的"海拔"从哪里算起呢？其实我们日常生活中所使用的海拔高度就源于青岛"银海大世界"内的国家水准零点。

作为中国唯一的海拔地理性标志，中华人民共和国水准零点正式写入全国中小学地理教科书。为了更好地让公众了解和熟悉这个地理知识，更好地利用位于观象山未能对外开

放的"中华人民共和国水准原点"这一独特资源，2006年国家测绘局专家精确移植水准原点信息数据，在青岛银海大世界内建起了"中华人民共和国水准零点"，成为向公众开放的景点。自此，这里就像世界上许多被开发为旅游景点的著名地理性标志一样，成为海内外游客旅游观光的热点，发挥着海洋科普、地理科普、旅游科普的作用。

醒目的6米高的水准零点铜质雕塑好似一个大铅锤，锤尖所指的地方就是"水准零点"，其下为一观测井，井的底部有一个硕大的玛瑙球，这个球的顶平面即是中国海拔0米。在体验"高度从这里开始"自豪感的同时，还可以游览我国第一个以游艇俱乐部为主题的风景区——银海国际游艇俱乐部，在这里可以搭乘游艇、观光艇出海，也可以驾驶风帆冲浪，体验海上刺激。此外，景区内散落着许多与大海主题有关的钢质雕像艺术作品，有世界上最大的海星外形的钢雕，海螺外形的灯塔，目前世界最高的金属材质的妈祖塑像等。而最令人震撼的是龙湾彩虹桥，当帆船、特大型船舶进出港湾时，这座世界上第一座建在海上、可以在液压机械作用下开合的大桥，桥身分南北两段向上开启，犹如两叶30米高鼓风待航的帆，这种未来科技感十足的画面无论如何也不能错过。

青岛，这座城

青岛海昌极地海洋世界
与"两最"动物亲密接触

　　青岛海昌极地海洋世界从侧面看，外观造型犹如一艘帆船，气势雄伟，不愧于 4.7 万平方米的建筑面积。它是青岛目前最大的主题公园之一，也是全国展示极地和海洋动物品种较全、数量较多的地方，可容纳近 3000 人同时参观游览。

　　海昌极地海洋世界主要分为极地馆和欢乐剧场两大部分，而极地海洋馆作为最大的主场馆，拥有充满知识趣味的极点科考站、神奇的极光、南极科考场景、北极神秘生物链、

独特的南极石文化等，极具吸引力。通往海底世界的隧道令人提前感受到奇异和梦幻之美，而与上千种珍稀鱼类的亲密互动，绝对有深入海底世界的奇妙感受和乐趣，海洋动物触摸池更是令人流连忘返。极地动物馆内动物种类也很多，环境为模拟的极地环境，冰雪溶洞、因纽特人雪屋等极地景观随处可见，让人能近距离接触北极熊、白鲸、海豹、海狮、企鹅等珍贵极地动物。馆内还设置了极地科普知识、科考设备和人文、自然、生活的专门区域，使游人在游玩之余还可以学到很多知识，而专为小朋友设计的 DIY 小课堂和雪城堡，富有童真和烂漫气息。

建议尽量避开旅游旺季，因为嘈杂和拥挤会让乐趣大打折扣。另外如果乘坐出租车到达，要明确告诉司机你要去景区售票口而不是售票小亭。其实搭乘公交车去海昌极地海洋世界很方便，火车站、中山公园或天泰体育广场都有公交车可到。

青岛,这座城

浮山森林公园
浮生一览"山海城"

20世纪30年代,海上穿行不息的船只进入胶州湾,当有海雾升腾、云气弥漫之时,站在船头的人就可以看到浮山的9座山头远远地沉浮在海上,它们穿云而出,云雾缭绕,远望好像一座座海中仙岛,似真似幻,诗情画意,仙境尽在其间,恰恰应了"浮山"的名字。

卧在青岛东部的9座山峰相连,最高峰海拔384米,总面积7平方千米,跨市南、市北、崂山三区,被形象地称为这座城市的"绿肺"。作为一个登高望海的绝好去处,无论

你登上浮山的哪一座山头，都可以俯瞰山、海、城相依相衬的岛城美景，眼前山衬着城，城偎着海，海天相接，风景似乎没有尽头，给观者带来一种美好而安宁的视觉享受。由于比较安静没有太多纷扰，因此浮山森林公园是很多岛城人的心头爱，他们喜欢闲暇来爬山，既锻炼身体又可以扛点山泉水回家泡茶。建议一大早或傍晚来爬山，浮山是少数既可以看日出又可以观日落的地方，此时的浮山风景是最棒的。到浮山游览美景，浮山森林公园南北侧都有入口，有石板路可以通到山腰，山腰到山顶可以沿着被前人踩出的小路爬上去，只要一座山头即可满足你的视野。

　　另外值得一提的是，作为崂山余脉，与崂山一样，浮山的构造主要是花岗岩，这里的石头很有历史，人民英雄纪念碑那块重达百吨的完整花岗石碑心，就采自浮山大金顶一带，还有南极长城站的建站纪念碑、日本胜山城九龙壁所用的石料，皆取材于此。大自然的鬼斧神工使得浮山山势峥嵘，奇石遍布，如今很多攀岩爱好者视浮山为宝地，几乎每个周末都有人在山顶玩"蜘蛛侠"游戏。

青岛，这座城

小麦岛
闹市边的休憩之所

　　从银海游艇俱乐部码头的妈祖雕像位置，可以很清楚地看到对面修整一新的小麦岛。搭乘公交车或者地铁到麦岛站下车，走十几分钟即可到达这座位于麦岛路与东海中路路口南面的小岛。与节假日人山人海的石老人观光区相比，2018年才修整完毕的小麦岛，游人还不算特别多，是图清净、发呆、拍照、运动的好选择。

　　这个相传因为岛上遍生青草犹如麦苗故得名小麦岛的小岛，以前是一个荒废的小岛，仅有一条礁石路可以通往，彼时只有一些青岛本地人知道，外地游客极少驻足。2018年

修整后，礁石路被修建为水泥防波堤坝路，种植了大面积的绿化景观植物，配上青岛的碧海蓝天，小麦岛便成了休闲观光旅游的生态绿岛。

　　沿着麦岛路一路蜿蜒前行，距离岛屿还有一段距离，但已然能够闻到大海的味道。来到入口处，首先映入眼帘的是波光粼粼的海面，出入口长廊的左边是沿岛的环形滨海慢跑道，沿路可以360度地接近大海。而往脚下看，步行道的铺设材料非常有特色，是各种形状的石头，既保持了岛上的原生态，又让人颇有些"拾级"的趣味。纵览小麦岛，绿树花海，生机盎然，以海洋为主题的雕塑艺术品相映成趣。岛上有一处塔楼，在塔楼长廊的尽头有一座矗立在礁石旁的海中小阁，是国家海洋局小麦岛海洋环境监测站，如今也成了小麦岛风景的一部分，与周边的绿色景致相衬相托。走到小麦岛的最里面，像小小的悬崖一样陡峭的山坡上种满了花草，在花草之下便是礁石和一望无际的大海，静立海岸边，听惊涛拍岸、与大海相伴，绝对可以待上半天。到了晚上，这里也是观看浮山湾畔灯光秀的选择之一。

青岛，这座城

青岛市博物馆
通晓岛城跌宕历史的地方

　　青岛市博物馆在国际啤酒城的东边，与青岛市美术馆、海尔科技馆共同组成了青岛市文化博览中心。每年青岛国际啤酒节举办之时，啤酒城都会聚集大量前来狂欢的人们，相反博物馆却很少被留意，然而这个安静之处所带来的绝妙文化体验，正是啤酒节狂欢的巧妙补充。

　　作为青岛最大的综合型博物馆，青岛市博物馆集历史、艺术、人文于一体，是一座综合性、多功能、现代化的博物馆。博物馆的历史可以追溯到 1965 年，旧馆位于小鱼山脚下，

大学路南段，如今看到的新馆建于1997年，建筑面积2万平方米左右，建筑造型典雅庄重，流畅的圆廊结构非常有特点。

  位于博物馆正门大厅内的两尊佛像是北魏时期的石佛像，距今已有1500余年的历史，是博物馆新馆的镇馆之宝。馆内设有1个大型基本陈列和7个馆藏文物专题陈列，馆藏文物16万余件，包括书法、绘画、陶瓷器、青铜器、玉器、钱币、甲骨、竹木牙角器等30余个门类，其中书画、陶瓷器、玉器、钱币为馆藏特色。作为大型基本陈列，"青岛史话"共有包括青岛各历史阶段史料、实物的4万余件文物展出，从新石器时期的陶器到汉代的陶俑，从北魏石佛像到明清的铜佛像，从唐三彩到宋代瓷器，横纵丰富，给参观者带来厚重的历史沉淀感。另外馆内还有山东民间木版年画、青岛籍书画、古代工艺品、瓷器、货币等5个馆藏文物专题陈列。而一楼设临时展厅，定期举办主题展，会有不同文物展出。如果想从侧面了解更多的青岛发展历程，馆内还有以青岛近代史为主题的展览，通过各种史料、图片、实物将青岛的百年跌宕起伏历史完整呈现。

青岛，这座城

石老人海水浴场
富有神话色彩的浴场

　　青岛有一个众所周知的神话传说，讲的是一对父女被龙王施魔法分别化作礁石和小岛，从此父女俩只能隔海相望的故事，其中的礁石父亲就是现在的石老人海水浴场左端海中的那块巨石。但其实这座 17 米高的海中奇柱是基岩海岸典型的海蚀石景观，而迷人的神话故事则赋予了这片海岸瑰丽奇幻的气质。

  如今石老人海水浴场属于海尔路南端石老人国家旅游度假区的重要部分，浴场很大，海滩很长，东西长2000多米，南北宽200米，是青岛大型海水浴场之一。浴场1985年营业至今，与第一海水浴场、第二海水浴场、第三海水浴场同属于青岛的热门海水浴场。

  石老人海水浴场主要由度假海滩、欢庆海滩、运动海滩和高级会员海滩功能区组成，沿着狭长海岸线铺设开来的滨海步行道串起它们，在这里可以全角度观赏海景。海水浴场内水清沙细，滩平坡缓，可赤脚在沙滩上散步，感受柔软的细沙，退潮的时候还可以捡到小贝壳、小螃蟹等。这里还有摩托艇等海上游乐项目，但是价格较贵。另外海水浴场风浪大，暗沟多，水性不好的人最好不要在非游泳区域游泳。

  傍晚时分，踏足这片宁静的沙滩，远处海天一色，牵手一起听潮水在沙滩上永不停歇地歌唱，漫步在夕阳余晖笼罩下的沙滩上，感受海风拂面，是很美妙的海水浴场体验。如果觉得8月游客最多的季节，在海水浴场有点"下饺子"之感，那还有另外一种方式：凌晨五六点起来，在沙滩上慢跑或散步，这时的沙滩经过一整夜海水的洗礼，显得更加平整细腻，晴天的早晨还会有朝霞陪伴着你，这种享受是对早起的你最好的犒赏。

不是书店（崂山店）
岛城文艺青年聚集地

  提起青岛的文艺气息，很多人会先想起大学路上、小鱼山一带形形色色、别具一格的咖啡馆，但别忘了岛城还有独立书店，别致而有味道的独立书店也是岛城文艺范儿的主角，它们身上带有岛城百年来传承不息的血脉，是人们对知识的求索和对自由的不羁追求。

  书店独具的魅力总是让人愿意在街头星罗棋布的小店中，去一探它们的究竟，而带着咖啡馆属性的岛城书店，不是书店算是第一家。作为岛城较早的独立书店的代表，不是书

　店是爱书人光顾的"地标"之一，这家有着调皮色彩店名的书店已经开了十多个年头，老板是一个痴迷读书、有着书店情怀的人，在人们纸本阅读欲望日益消退的今天，书店继续倡导回归纸本阅读的理念，是对阅读一种默默的坚守。

　　崂山店的装修是极简风格，以白色和原木色为主色调，有点类似北欧的家居空间，使得书店有一种令人愉快放松的氛围。店里光线充足，大排的书架中间夹杂着些别致有趣的手工艺品，是一个书、咖啡、音乐和烘焙等混搭起来的综合性文艺空间。书店的书籍活动比较有特色，类似购书七折、每天一元好书拿回家、阅读马拉松等活动，深受买书人的喜爱。此外书店每周六晚上都有独立电影播放活动。作为一家带咖啡馆属性的书店，不是书店的咖啡也不含糊，性价比还是很高的。

　　每当暮色降临，书店里的灯光亮了起来，温暖柔和的光透过大片落地窗洒出来，靠窗的桌子就成了很多人抢占的热门位置，书店独有的温和宁静将因爱书而显得沉静的人，也变成这座城市的风景之一。

青岛，这座城

初代宇治抹茶（上杭路店）
抹茶甜品控的小天堂

说起岛城可以边逛边觅食的"网红"小街，必定会有上杭路。这条隐秘在崂山中心居民区里不长不短的小街，聚集了大大小小几十家特色美食店，是自带打卡属性的"网红"美食街。而作为一家只卖抹茶甜品的店铺，初代宇治抹茶是上杭路林立热闹的小店中不可忽视的"清流"。

  这家古朴雅静、冰凉清爽的日式风格小店是很多抹茶控们的小天堂。抹茶这种粉状绿茶起源于我国隋唐时代，直到明代因茶叶的直接冲饮法而式微，而唐宋来到中国的日本人将其带回并保留了下来。初代宇治清静简洁的日式门面，仿佛将人带到日本某个街道转角的小茶屋，轻轻掀开麻布帘子，柔和的灯光和抹茶的清香顿时萦绕身侧。

  作为一家抹茶界的"扛把子"，抹茶酥、抹茶冰激凌、抹茶大福、抹茶千层……这里有关抹茶的甜品种类丰富多样，颜值很高，口感也都很好。夏季的"宇治金时青峦"是爆款消暑佳品，抹茶冰激凌做的雪花，细细的像是一根小冰尖，入口即化，清爽无比，配上炼乳红豆的甜蜜，吃过一口根本停不下来；抹茶大福的糯米皮软软的不粘牙，上面抹茶的清香伴随着微微的苦涩，咬一口是味蕾的极致享受；抹茶重芝士是抹茶味最轻的一款，不是很习惯抹茶味的可以尝试；抹茶酥将蛋黄特有的香气氤氲在豆沙的甜蜜里，卷上一层抹茶油酥皮，馅料层次分明，味道刚刚好……夏日的饭后来宇治坐一坐，来一份与夏日清凉味道最搭配的抹茶滋味，十分惬意。

不妨在依山傍海的崂山脚下住几天，看崂山云雾缥缈，闻茶山清静幽香，品山泉纯净清甜，泡一杯崂山绿茶，吃现捞上来的海鲜，再扎进水清浪平的海湾里，总能让你觉出崂山的好。

青岛,这座城

若即若离灵境地

　　蓝天碧浪、阳光沙滩赋予了青岛明朗的山海气质，而崂山的存在则又带来了仙境桃源的氤氲灵气，山间的闲云、山前的碧海、海岸的香茶，这里堪称是躲避烦扰、与现实世界拉开一点距离的灵境之地。

　　不到崂山如何悟道境？作为"海上第一仙山"，崂山自古便是道教圣地，此地孕育出了深厚的中国道家文化。而今的崂山风景区内风光秀美，山中空翠四合，峰峦溪流掩映在繁茂林木之中，其间点缀着古朴的道观，透出一派朴素自然的道家之味。攀登巨峰顶，既可观山，山光烟岚尽收眼底，又可望海，水色迷雾一览无余，山海相连，云飞霞飘，灵气自生。

　　攀山涉水览山海，看完山的缥缈，别忘了山脚下的海湾。仰口海湾、流清河海湾，海岸背后就是高大挺拔、气势巍峨的崂山，远处是海上星星点点的岛屿，近处是一片平沙，山海相映的景观是崂山仙境的最佳呈现。最后在海湾附近择一崂山民宿住一回，王哥庄一带有一些秀丽雅致的江南田园风格的民宿，隐于山水田园之间，有一种"采菊东篱下，悠然见南山"的静谧。坐拥青山绿水、茂林茶香，于清幽庭院之中，观山听涛晒太阳，呼吸清新舒畅的空气，品让人心旷神怡的崂山绿茶，得享一段平和宁静的隐居时光，做回最原始本真的自己。

青岛，这座城

崂山风景区
攀山涉水览山海

作为胶东半岛的第一名山，崂山有"海上第一仙山"之美誉，崂山风景区内风光秀美，山中空翠四合，峰峦溪流掩映在繁茂林木之中，其间点缀着古朴的道观，透出一派朴素自然的风格。想要一天逛完整个景区是不太可能的，最好能够安排两三天的时间，慢慢悠悠地欣赏这里的山海风光。

　　巨峰、流清、上清、太清、棋盘石、仰口、北九水、华楼、登瀛9个风景游览区，沙子口、惜福镇等5个风景恢复区及外缘陆海景点，是崂山风景区的全部，囊括了山水自然和人文气韵的特点，使得崂山在20世纪30年代就已经有崂山十二景的美称，诸如"巨峰旭照""龙潭喷雨""明霞散绮"等。这里的每个景点都很有看头，巨峰景区的山海风光最为大气磅礴，游览的最佳时间是暮春和深秋。春天紫红色野生杜鹃花开满山坡，美不胜收，但是游览巨峰的山海风光需要你有充足的体力。如果天气极好的话，爬上第二高峰灵旗峰，这里的山海视野范围最广。不想太累的话，可以去北九水看水、看瀑布，感受风景秀美，也可以到仰口风景区及周边，这里有许多渔村，建议住上几天，品尝农家饭，用崂

青岛，这座城

山水泡崂山绿茶，度过一段不一样的悠然时光。还可以去上清宫感受一下道教文化，相比太清宫，上清宫较远，但更清静，有道家远离尘嚣的味道。

崂山面积太大，景点相对分散，建议自驾车或包车游玩。目前共有陆路和水路4条游览线路，南线是经典的路线，从香港东路或东海路向东经沙子口、登瀛、流清河奔太清宫，

崂山风景区

主要游览太清景区。东线从李沧区李村出发,经惜福、王哥庄到仰口,主要游览仰口景区。中线也是从李沧区李村出发,经北宅、乌衣巷赴北九水景区,中途可游华楼景区,亦可驱车经柳树台攀巨峰,或步行过潮音瀑到达巨峰。水路是由青岛湾旅游码头乘船游览海上风光,在太清湾登陆,主要游览太清、上清景区。

青岛仰口风景区
山海奇洞道观俱全

仰口因仰口湾而得名,位于崂山风景区的东北部,背靠奇峰,面朝仰口湾,风景区以山光海色、奇洞怪石和道观名胜为特色。

进入游览区,便可见到两块题有"疑是梦境"和"华盖迎宾"的巨石,两侧各有300年以上树龄的赤松,如游龙般交织在一起,山风拂过,颇有仙风意境。这种仙风意境要追

溯到始建于宋朝的太平宫，它与上清宫和太清宫一样已经有千年历史，是宋太祖为华盖真人刘若拙所建的道场，依山傍海，环境清幽，奇峰异石、水潭幽洞点缀其间，自古有"海上宫殿"之称。由于地理位置较偏僻，太平宫虽经历代修葺却仍然保持宋代建制，气势雄伟，是保存很完整的道观，而道观后的犹龙洞别具特色，值得一览。若想观海上日出，那么理想之地可能就是狮子峰平阔的狮背，这里也是文人墨客挥毫抒情的地方，周边石壁有明清以来的诗刻和题字，其中明代陈沂篆体"寅宾洞"最为有名。另外崂山十二景之一的"狮岭横云"指的就是狮子峰在云雾缭绕时的美妙景观。如果想看摩崖石刻，不要错过仙人桥北的白龙洞，石洞上镌刻的丘处机咏崂山的七言绝句，是崂山保存最完整的旧存摩崖石刻。

仰口的山顶是必须要攀爬上去的，因为山顶有一块天然形成的可容纳百人的巨石观景平台，称为天苑，在这俯瞰仰口湾景致，畅浴浩荡海风，令人心旷神怡。去往天苑的路途经崂山第二奇洞——觅天洞，洞体玲珑，石叠多貌，景观丰富，曲折多变，可谓一步一景，极有趣味。

青岛，这座城

崂山书院
沐浴国学文化的书香

多位道教名人在崂山的修行足迹给崂山增添了仙风道骨的气韵，也给岛城增添了深厚的中国传统文化底蕴，毗邻崂山风景区的崂山书院便是一个传统国学文化综合体验园。

崂山书院的名字给人感觉颇具历史感，但其实这是一个于 2015 年才开园的国学文化综合体验园，由原来的雨林谷改造而成。书院面积大概 3 万平方米，典型的徽派风格的建筑，

  据说完整地移植了来自安徽有200多年历史的20座珍贵木结构的徽派建筑，园内包含10个主题馆，设有公共服务区、文化景观浏览区和国学文化深度体验区3个区域。

  进入书院，可以感受到儒道释国学文化的氛围，从部分馆的设置可以知道书院以孔子、法显、老子为国学文化人物名片，借助自然衬托，用现代元素包装传统文化，彰显文化体验功能。书院小巧精致，环境优雅安静，活动内容丰富，是一个体验国学文化、茶道文化的好地方。可以看到不少小团体或者亲子家庭在书院内活动，听说也有不少学校将这里作为举行孩子毕业典礼的地方，让孩子体验国学文化的书香氛围，颇具仪式感。

  在主题馆、国学馆、聚缘阁等馆内，可以欣赏徽派建筑的建筑构件，虽然有些是新品旧工，但也颇有复古意味，国粹民俗馆内陈列着多种中国传统手工艺品。最让人心动的是具有徽派特色的老房子酒店，酒店内戏台、青石板、徽式中堂、砖木石竹雕刻，完整地还原了徽州老宅的原貌，不用到徽州便已在徽州。逛累了，到茶社喝一杯崂山绿茶，也算是富有传统文化味道的崂山书香之行。

华严寺

崂山现存唯一的佛寺

崂山作为"海上第一名山",吸引了众多高僧来这里讲经。位于崂山东麓返岭后村西那罗延山半腰的华严寺,东面大海,西邻溪涧,被参天古树和茂密竹林环抱,颇有仙境之感,是崂山现存唯一的佛寺。

华严寺属于明代寺院,但由于明末战乱被毁于兵火,清初又重建,距今有近 400 年的

历史。后来遭到破坏，1999年又重建。占地4000平方米的寺院为四进院落，依山而上，巍峨殿堂掩映在葱茏林木之中，气势雄伟。寺中处处与莲花形象相关，进入景区首先见到的就是一幅莲花藏世界图，直径10余米，代表着佛教华藏世界所包含的大千世界；山门的顶部有3座锻铜铸造的巨大莲花；穿过山门则是"莲花路"，顺着此路进入华藏世界。主殿大雄宝殿是寺内最大建筑，为斗拱单檐雕甍歇山式建筑，供奉如来。藏经阁建于山门之上，集中体现了明代建筑的艺术风格，藏有众多文物古籍，其中元人手抄本《册府元龟》最为珍贵，共142册，计1000卷，此外还藏有清顺治九年（1652年）刊《大藏经》一部。

从华严寺出来，沿山路西行大概40分钟到达崂山十二景之一那罗延窟。此窟相传是佛升天时法力冲击出来的花岗岩石洞，洞内四周光滑如削，石壁上方凸出一方薄石形似佛龛，洞顶有洞孔直通天空，结构极为独特。这种奇特的现象，从地质学角度解释则是因冰川运动而成。

崂山民俗文化村

青山黛瓦崂山人家

崂山民俗文化村坐落在沙子口百雀林生态观光园内，原称登瀛村，自开放后便有"崂山第一村"的美名。此村位于崂山西麓，三面环山，南临登瀛湾，自然环境极佳，特别是到了仲春时节，村内依山而上的梯田山坡便落满缤纷的梨花，洁白轻盈，宛如盖雪，平添一派青山黛瓦崂山人家的脱俗景致。

这里的民居不同于岛城市区常见的别墅和里院建筑，而是接近胶东四合院式建筑，所见到的农家院落为正屋三间，一明两暗，旧制锅台、土炕，屋内摆设基本还原旧时崂山人

生活景象，是体验崂山传统民俗风情的休闲度假之处。

民俗村内环境清静，植被茂盛，空气清新，处处可见石磨、石槽、石碾盘、辘轳井等过去农家生活常用的老物件，是典型的农家风光，另外还有很多适合亲子互动的小动物，深受小朋友喜爱。想进一步了解崂山民俗的可以到民俗博物馆，馆内设有五个厅分别展示不同的民俗文化，一厅陈列各种非物质文化遗产展品，二厅是崂山传统农家大院场景展示，三厅展示了来自全国各地不同风格的年画，四厅为手工艺体验厅，五厅为崂山农家三合院老院实景展示，算是比较完整的崂山民俗呈现。如果喜欢民俗村的农家氛围，那么最好是住下来，过两天农家生活，民俗大院、民俗小院、崂山大炕套房、粮仓标准间任你选择，再吃几道农家菜，乐趣多多。

流清河景区
拥海入怀，伴山入梦

　　流清河景区可能会是游览崂山风景区中最"费脑"的选择，因为流清河景区是崂山景区的一部分，然而却没有包含在景点门票中，而是要另收费。如果你在大河东坐景区车，就只能在车上观看流清河景区，因为它只是路过流清湾、流清村、鲍鱼岛、伏鳌、青蛙石等景点而已。建议不要错过真正的流清河景区，因为这里是崂山风景区中唯一一个既可以爬山，又可以下海，还可以吃农家宴的景区，这里的山海盛景是可以"触摸"的。

　　流清河虽然名字带"河",但其实并不是河湾,而是海湾,景区内以壮丽的山海胜景为主,海湾海岸背后就是气势巍峨的崂山,北可望高插云天、群山层叠的巨峰,远可眺海上星星点点的岛屿,近可看沿海平沙一片,山海相映的景观着实波澜壮阔,令人赞叹不已。目前景区内对外开放的景点主要集中在沿海一线,建议直接到流清湾浴场玩耍,此处别有一番乐趣,浴场水质清澈,沙子软细,人也不多,明媚阳光下,浪涛抚岸,渔船点点,海鸥盘旋,风景醉人。附近还有"聊斋故事宫"可参观,东麦窑村、流清村等渔村可以品海鲜。

　　吹完海风,如果想继续爬山,可以搭乘观光车在"八水河"下车,顺着八水河往上爬,花上两个小时游览龙潭瀑、上清宫、明霞洞等景点。龙潭瀑是崂山最壮观的瀑布之一,春天汛期时会看到瀑布汹涌奔腾的壮观场面。始建于宋代的上清宫因为丘处机曾在此静修布道而出名,宫门前的银杏树有1000多年历史。明霞洞是全真七子唯一的女弟子孙不二修行布道场所,但现在并没有什么实际看点,了解历史即可。

青岛，这座城

青岛隐居西山民宿
躲进小楼读崂山

一定要去崂山有很多理由，比如仙风道骨的缥缈"仙山"，飞天圣人的神秘传说，一望无际蓝得挪不开眼的海，隐藏在郁郁葱葱山林中的道观……还有住了就不想离开的崂山民宿。

距离海滩很近的王哥庄，如今已经是崂山风景区附近极为有名的农家宴和民宿聚集

地。然而即便是这样，距离仰口风景区 3 千米的隐居西山民宿依然脱颖而出。这里采用徽派建筑样式的灰瓦白墙小房子，简简单单，却很打眼，一下子就征服了你的心。虽然民宿距离海边还有一段距离，但是比直接住在海边更舒适，因为民宿背后是壮美的崂山，周边是连绵的茶山，不远处又是碧波荡漾的大海，听风、望海、观山，有一种"采菊东篱下，悠然见南山"的静谧与隐居之喜。

民宿内有多种主题风格的客房，院落名字也颇有诗意，可以根据住的人数进行选择，还可以选择带院子的单独院落，有一种独居悠然的隐居情怀。房间内则结合"山林竹石水"设计，一步一景，是一种禅意十足的古典风格，让人心旷神怡。这里的布草得到住客的一

崂山风景区

致好评，采用的宜家家居产品与装修风格对比，有一种恰到好处的传统与现代、东方与西方的结合之美。如果要享用一餐地道的海鲜，西山民宿也是不会让你失望的。

民宿设有停车场，位置距仰口海水浴场、崂山主峰售票处、华严寺大概都是2千米，距离太清宫3千米左右，另外有通往白云洞的捷径，爬到洞顶远眺，碧海蓝天尽收眼底。

青岛小隐民宿

一场田园茶乡旧梦

二龙山下的晓望村已有600多年的历史了,昔日远近闻名的"石头村"如今成了著名的茶乡,出产闻名中外的崂山绿茶。小隐民宿就坐落在二龙山与笔架山交界处的一片茶园里。

大隐隐于市,小隐隐于野。顺着村中的小路迤逦而行,忽然眼前一个清新小院立在半山之上,像是转角遇见了一位秀丽雅致的江南姑娘,令人欣喜不已。大爱小隐民宿的门口,

  几级台阶之上，便是浓郁的江南之幽，圆月拱门和棱角木门，一棵虬曲的古树将自己的绿意覆在其上，组成了一个隐秘的空间。白泥粗糙墙，茅草屋顶，房子两厅两院，是典型的简约新中式风格，后院有农家菜地，站在房子后院，可以一览整个茶园，满院山樱果实，是一种归园田居式的慢生活体验。

  书架下的石琴，老板亲手制作的茶桌，小小电影院，墙头探出的柿子树，小隐的情调体现在它的一砖一瓦、一景一物之中。民宿内一共有10间客房，分别以12个月份的小名命名，充满诗意。白色和原色搭配为主基调的室内，一窗一画，开窗便可见自然之风景，当阳光委婉玲珑的光晕透过纱窗照射进来，你便能体会中国的禅意融入房间的创意之美。每个房间都配有简单的茶具，于青山绿水、茂林茶香的空间，吸一口山间清新舒畅的空气，品一口令人心旷神怡的崂山绿茶，享受一段平和宁静的隐居时光，是再惬意不过的事了。

昨日乡村原木工坊
（崂山店）
栖息于绿野自然

　　背靠崂山的北九水风景区的青山绿水间，有一处清幽静谧之地。每年樱花季，有风低吟时，一场粉色的樱花雨，便将通往昨日乡村原木工坊的石阶路装点起来，美得犹如仙境。拾级而上，看到憨态可掬的龙猫招牌和一个木质邮箱站立在台阶两旁时，尽头那一栋明亮的绿色小屋，将带领你进入一个自然山居的美妙世界。沿着蜿蜒的石头阶梯继续向上步行

　　30余米，便到达昨日乡村原木工坊，这座集手作空间和民宿于一体的小楼依山而立，对面是远山和水库，有一种乡村田园的朴素之美。

　　一楼是上木工课的原木加工操作间，空气中飘着淡淡的木香，可以动手自制一件木质小物件，作为自己的生活器物，也可以在这里定制家具。二楼是"海鸥食堂"，开放式的厨房如同日本电影《小森林》的场景重现，这里提供咖啡、茶水和日式简餐，餐品虽然简单，却是老板亲手制作的。

　　在这座二层小楼后面，就是日式风格的民宿了。简单而有质感，是昨日乡村民宿给人的整体印象，房间不多，布置为极简的风格，类似"断舍离"主义的践行，空间内的木作细小处见精致，地板是樱桃木，古朴的木头纹理给人以拥抱自然的亲近感，桌子的支撑腿是天然树根简单处理而成，显得大气优雅。房间内的床品都很高档，居住质量颇高。阳光透过大大的窗户进入房间，山间的暖调光线在房间跳跃，是一种栖息于自然的简约生活，质朴踏实而温暖。

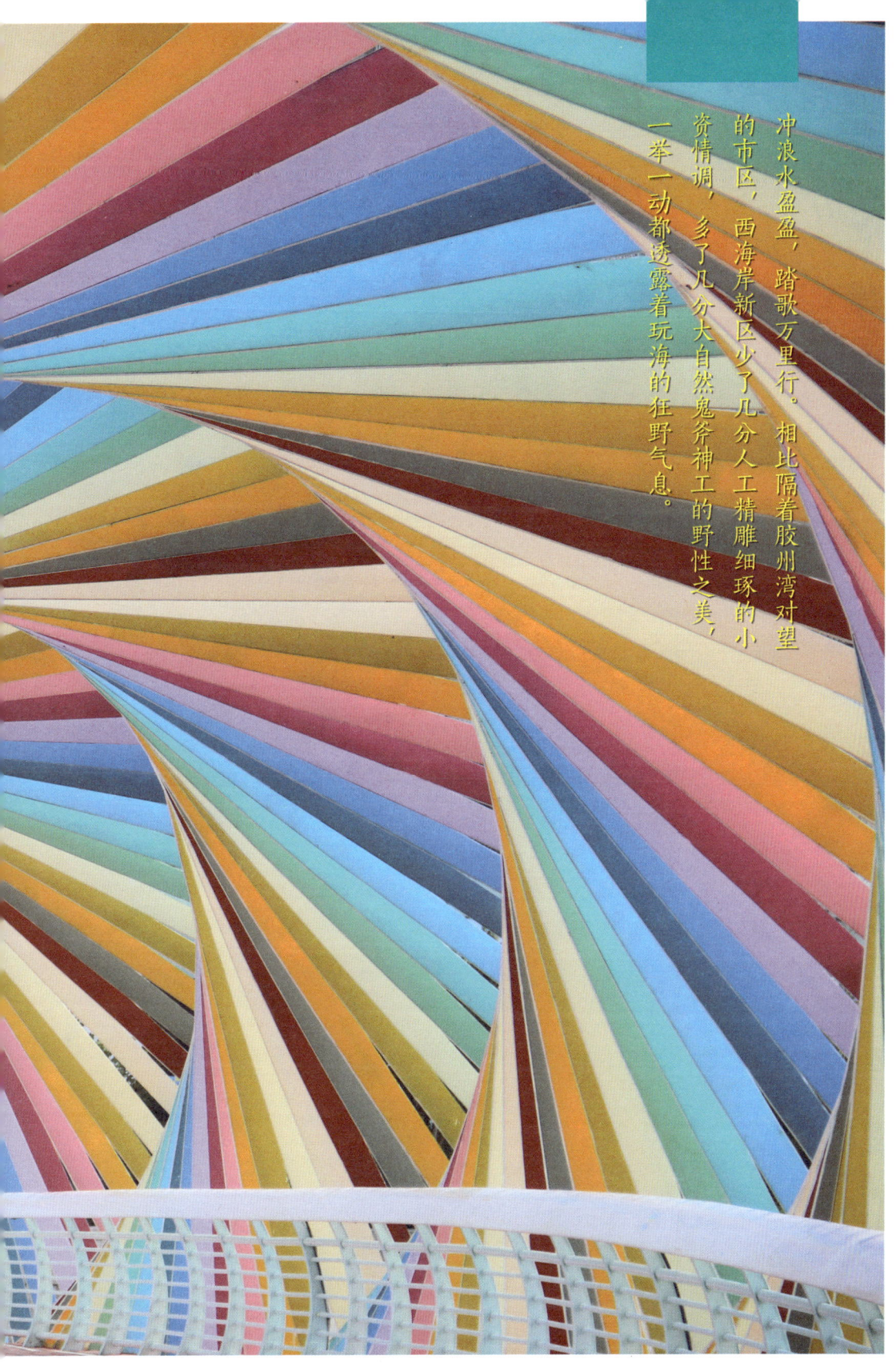

冲浪水盈盈，踏歌万里行。相比隔着胶州湾对望的市区，西海岸新区少了几分人工精雕细琢的小资情调，多了几分大自然鬼斧神工的野性之美，一举一动都透露着玩海的狂野气息。

青岛,这座城

野性玩海狂欢记

　　一条胶州湾海底隧道彻底打开了西海岸空间的秘密,将这片与青岛市区隔胶州湾相对的海域,变成了青岛玩海的热门目的地。相比市区海滩的精雕细琢,这里则多了几分野性不羁,未开发的生态沙滩和海湾都是户外探索者的乐园。

　　282千米长的海岸线,一条滨海大道把若干个优质的沙滩连在一起,它们都有一个很好听的名字,金沙滩、银沙滩、灵山湾、龙湾等。金沙滩沙滩大,沙质细软,是消夏的终极目的地,不要错过每年8月规模盛大的金沙滩啤酒节,在啤酒大棚里畅爽饮酒,体验最时尚的都市夜生活,在凤凰之声大剧院感受嗨爆全场的电音狂潮!凤凰岛西侧的银沙滩安静浪漫,拥有一片无敌的沙滩草原,可搭帐篷,适合文艺青年来此消磨时光。如果你喜欢静谧的环境,建议前往灵山岛,这里的夜晚没有喧嚣和霓虹灯,肉眼可见银河系灿烂星空,震撼非常。西海岸海湾的民宿风景都很好,适合小住几天,躲进小楼感受海上岛屿风光,在礁石滩听海浪拍岸,迎海风吹拂山色,看蛎子壳爬满礁岩,在环岛路骑行撒欢,在渔村散步闲逛,任时光沉淀下美好记忆。

　　除了山海间的闲趣与盛夏里的啤酒海鲜,西海岸还有琅琊台的幽韵,大珠山四月天的杜鹃花,中国最古老的长城,唐岛湾环湾公园里隐藏的中国院子……大自然的野趣与人文底蕴的跃动连为一体,成就了西海岸山海的自然生机和世外桃源般的海岛生活,是人生中不可错过的风景。

金沙滩景区

冲浪踏歌海岸行

　　从空中俯瞰黄岛区东南部，有一个长约3千米的向东西延展的月牙形海滩，这就是"金沙滩头平，遥望天水涌。冲浪水盈盈，踏歌万里行"的金沙滩，海滩水质清澈，沙质细软，色泽如金，恰如其名，是西海岸最能让人感受到大海气势的地方。

　　来到海边，怎能不观日出？在金沙滩观日出，以秋高气爽的季节为最佳，沙滩东部设

有专为观看日出的人们准备的露营区，非常方便。若想要看海景，景区西起凤凰岭东到澳柯玛广场的观光路上的 800 米木栈道，最适合漫步骑行。而 12 千米长的东环岛路是西海岸最美的一段滨海路，海岸风光旖旎，有多个观景平台可以进行海景摄影，沿路也有不少性价比高的渔村农家乐，可谓是配备齐全。

蔓延 3 千米的海滩为游人提供了足够的玩耍空间，四季的金沙滩各有美感，皆适合玩耍。夏天是最热闹的，这里几乎每年夏末都会举办大型沙滩音乐节，国内外的民谣歌手和乐队为沙滩带来冲击力极强的狂欢，这也是人潮最旺的时候。秋天虽然不是洗海澡的好时间，但这个季节的海景最特别，绵长的海滩大气壮阔，搭配绝妙绚烂的晚霞，远离了夏天的喧嚣，有的只是海滩原来的模样。到了冬天，这里更适合坐在临海的咖啡馆靠窗的位置看海或者直接坐在沙滩上晒太阳，温暖的阳光和狂野的大海是一种奇妙的和谐，如果有幸遇上雪后的海滩，将能体会到茫茫一片、美丽壮观的北方大海雪景。

齐长城遗址

2500 多年前的军防遗址

长城无疑是我国历史长河中最有名的军事防御工程,而始建于春秋战国时期的齐长城是目前国内年代最久远、规模最大的古建筑遗址。齐国为了防备南面的鲁国、楚国、吴国等所建的长城,全长约 618 千米,共翻越 1518 座山峰,几乎把整个山东分为南北两半,距今已有 2500 余年。齐长城遗址的青岛一段历经 215 座山头,全长 68 千米,现胶南、黄

岛境内城垣早已倾圮,但仍有多处遗迹可寻,保存最完整的部分,当数小珠山风景区内余留的齐长城东端的西峰关一段。2001 年,国务院公布齐长城为全国重点文物保护单位。

从珠山国家森林公园的"一切智园"出来,沿着水库岸边行走,就到了齐长城遗址——西峰关。西峰关设在黄岛小珠山和大黑涧山之间,两峰间的山谷中为南北走向的遗址所在,今尚存城墙及兵营遗址,呈长方形,东西长 40 米,南北宽 20 米。2000 年景区在此地修建了长逾 200 米的石砌城墙,新修的关门和墙体并未建在齐长城原址上,而是与之并行,因此登城后并不踩踏原长城残墙即可游览新旧长城的风貌。

如果说专程来看齐长城遗址,倒不如说是带着对历史的解读之心来更为重要,这里可以令人遥想 2500 多年前的烽烟,感慨先民的智慧与力量。建议游览齐长城遗址的同时,连同珠山国家森林公园一起参观,景区内的"一切智园",是一处以天然之石为展示内容的艺术园林,设计者开创了对佛教经典题材艺术创作的先河,令人可以充分领略大自然的鬼斧神工,另外景区内还有菩提寺和青岛森林野生动物园。

凤凰岛
海岛奇妙狂欢节

青岛经济技术开发区东南部的凤凰岛旅游度假区（薛家岛旅游度假区），总面积28平方千米，其中包含7平方千米海域和54千米海岸线，拥有大自然用鬼斧神工雕凿出的一处处迷人的海滨景观，同时在现代开发中又融入了优秀的科技景观，是岛城后起的热门海滨旅行度假地。

凤凰之声大剧院像一只振翅欲飞的凤凰矗立在凤凰岛，是这里的知名地标之一。这只凤凰的头部是一个神似凤嘴的悬挑平台，结构堪称奇迹，而平台上46米高的海洋蹦极点，简直令爱好者欲罢不能，纵身一跃就可以拥抱蓝天和大海。剧院顶部的空中餐厅通过180个台阶与背部的广场相连，登高游览恰似云游四方，有种高处不胜寒之感。而剧院内可观270度美景的首创斜行电梯，定时上演的顶级艺术剧场也是必选体验项目。

与凤凰之声大剧院最配的是青岛国际啤酒节，占地面积约67公顷的西海岸广场为每年夏季的"海上啤酒节"而存在，自从青岛国际啤酒节2015年在金沙滩落地后，这里就成了啤酒飘香的度假新海岸，届时一片海滩盛景、音乐、啤酒的激情狂欢，处处充斥着夏日浓烈的欢庆气氛。

除了有名的消暑之地金沙滩，凤凰岛西侧还有银沙滩，它安静浪漫，难得的是拥有一片无敌的沙滩草原，适合文艺青年来此消夏。而生态公园唐岛湾湿地公园如同一片绿洲，镶嵌在海滨之上，有"海上西湖"之美称。凤凰岛的竹岔岛，海岸线蜿蜒曲折，岛上礁石林立，景色优美，自然风光绚丽，还拥有青岛目前保存最完整的海岛地表熔岩地貌景观。

青岛,这座城

中国院子
赏心乐事谁家院

中国人的庭院生活情结历史悠久。作为一种经典的居住形态,庭院生活是文化和血脉的传承积淀之所,更是一种理想境界与闲暇状态的终极追求,多少文人雅士,不论富贵雅致还是粗陋简朴,都但求一处宁静清悠的院落,闲看花开花落,坐赏云卷云舒,自在闲庭信步,从容月下独酌。

若想在西海岸寻找这样的庭院踪迹，不妨到唐岛湾环湾公园的中国院子，这里大概可以满足人们想象中美好庭院的模样，并对雅士生活所追求的极致精神有所体会。作为一个收门票的中式文化景点，中国院子分为南北两个院子，汇集了中国南北方的各种中式园林人居环境样貌。南方院子含复建古民居和仿古民居20余座、亭台4座，主要是从浙江、江西等地迁建的"徽派建筑"，粉墙黛瓦，绿树画廊，大多带有天井，一派小桥流水、树影婆娑的诗情画意之幽境，把中国人的含蓄、内敛、唯美以及太多美好的向往融入其中，一砖一瓦间无不暗藏着南方的温婉精致和秀丽玲珑。北方院子含复建古民居和仿古民居20余座、亭台5座，集结了山西、陕西等地迁建的"晋派建筑"，大院的四合院落，自成一统，规制稳重，很大程度上反映了晋商稳重大气、严谨深沉的品格，砖瓦磨合，一草一木间，无不显露着北方的大气磅礴和气势恢宏。

除了欣赏集合式的南北方原拆原建或仿古的明清古建筑群落，以及院外处处江南园林景观的亭台楼榭，中国院子还有民间工艺、影视文化和"非遗"项目等丰富体验，渔网廊架、黄岛剪纸、海草房等本土文化元素也不失韵味地有所呈现。

青岛，这座城

琴岛之眼摩天轮
360度浪漫摩天梦

似乎只要有游乐场就一定会有摩天轮，它与浪漫、城市这两个词是分不开的。当摩天轮带着你划过高空，对整座城市的大好风光和繁华梦想的解读，似乎就在高空的那一个瞬间得到了充分定格。不同城市的摩天轮有各自独特的味道，而青岛就拥有省内最大的一座海景摩天轮——"琴岛之眼"。

在黄岛区除了海滩美景和滩涂活动,"琴岛之眼"当然也是一个不容错过的旅游景点,它尤其让情侣和孩子们兴奋不已。琴岛之眼摩天轮坐落在唐岛湾畔,据说是斥巨资建成的,总高68米,配有36个全透视无敌海景观览轿箱,能将360度海景尽收眼底,是青岛海上嘉年华探险乐园的景点之一,每天都会吸引许多游客前来。

坐上"琴岛之眼",随着高度逐步升高,会有不同的视觉感受,升到最高的观光点,脚下是黄海,可以将整个黄岛区尽收眼底,在碧海蓝天之间俯瞰整个秀丽的西海岸,领略岛城海湾的磅礴气势,确实不虚此行。极具浪漫色彩的摩天轮是很多情侣喜欢特意来留下自己爱情见证的地方,而摩天轮下的咖啡馆又是上演"冬季恋歌"般情深不渝的好去处。

平时白天来体验"琴岛之眼",只可以领略高空海景风光,但到了周末和节假日的晚间,会有超过100种场景的绚丽动感音乐灯光秀,将"琴岛之眼"装扮得如同童话般梦幻缤纷。

青岛，这座城

晴空咖啡馆
有空中海景的"猫咖"

对于热爱"撸猫"的人来说，"猫咖"绝对是一个消磨时光的好地方，而一个有猫有咖啡又有无敌海景的咖啡馆，更是难得的打卡地。点上一杯咖啡、看海、发呆、"撸猫"，消磨休闲好时光。

晴空咖啡馆算是黄岛区比较早的"猫咖"，在网络上搜索的话，排行很靠前，是很受情侣和闺蜜欢迎的咖啡馆之一，是黄岛区猫咪爱好者的探店必选，当然基本上都是冲着猫

咪来的。由于已经成了"网红猫咖",又是地处高楼的小咖啡馆,店内接待能力有限,确定成行的话可以打电话咨询下是否有位置,工作日去的话基本没有问题。

从井冈山路地铁站 D 口出来,再步行 10 分钟就到了金石国际广场,搭乘南楼的高区电梯上去,出电梯左转,沿着指示牌前行就到达目的地了。首先看到的是老板在门口挂的小牌子,写了一些"撸猫"的注意事项。店真的是小小一间,但是布置温馨,小巧精致,现代中带点复古,有一种居家的舒适品味。大楼 30 层的风景很好,整面的落地窗可以看到海湾景色,光线明亮充足,店内配有书架,非常适合在此晒太阳、看海、聊天或者看书、写作。

作为一家"猫咖",晴空咖啡馆的卫生环境很好,很难得没什么异味。猫咪也是真的多,至少有十来只,各种颜色和品种,但品相都很好,干净可爱,乖巧自在,特别是有一只雪白的小猫,两只眼睛颜色不一样,非常特殊。店里的咖啡要重点表扬,虽然种类并不多,但新鲜香醇,再搭配一份现烤松饼,度过一段与猫咪的欢乐时光。

青岛，这座城

青岛十间海度假酒店
与声声海浪共枕眠

十间海，顾名思义就是十间可以看海的房间。这家黄岛区很热门的民宿酒店，地处薛家岛鱼鸣嘴度假别墅区，其实民宿内一共有十四个房间，但以其中十间可以坐拥辽阔海景的诗意小屋而出名，即便不出门，在民宿内也可以感受处处被美妙海景包围的惬意。

虽然依海而建、风景秀丽已经是上佳的居住条件，但十间海最特殊的是所处的海景位置还可以清楚地看到海中的灵山岛，搭配岛屿的风光让民宿内看到的海景更丰富多彩。天

朗气清的时候可以清楚地看到伫立在海中的灵山岛，而阴天的时候，当海面与雾气氤氲交织，隐隐约约只能看到灵山岛的顶端，整个岛就像是漂浮在海面上，最好地诠释了"海上仙山"的景象和境界。

作为一家价格比较高的民宿，十间海的整体环境简约大气，布草品质也很高，干净舒适。最值得介绍的当然是海景房，躺在床上就能看到海景，无论住的是简约中式风格的1号楼，还是以北欧风格为主的2号楼，主题都是海，喝茶的空间和洗澡的空间都布置了整面的落地窗，外面就是无敌海景。配有整面落地窗的卫生间已经够美了，如果你住的是有户外浴缸的房间，白天和晚上都是浪漫享受，特别是晚上，点上蜡烛，来一杯红酒，抬头是点点星光，海浪声声在耳，大海的味道阵阵袭来，简直没什么能比这更浪漫惬意了。如果选择的是北向不能看海的房间，也不会太单调，后院有打造出来的具有静与禅的空间感的日式花园。民宿配有餐厅和泳池，对于出门旅行十分注重居住空间体验的人来说，这里是浪漫之旅不能错失的体验之一。

本图书由北京出版集团有限责任公司依据与京版梅尔杜蒙（北京）文化传媒有限公司协议授权出版。

This book is published by Beijing Publishing Group Co. Ltd. (BPG) under the arrangement with BPG MAIRDUMONT Media Ltd. (BPG MD).

京版梅尔杜蒙（北京）文化传媒有限公司是由中方出版单位北京出版集团有限责任公司与德方出版单位梅尔杜蒙国际控股有限公司共同设立的中外合资公司。公司致力于成为最好的旅游内容提供者，在中国市场开展了图书出版、数字信息服务和线下服务三大业务。

BPG MD is a joint venture established by Chinese publisher BPG and German publisher MAIRDUMONT GmbH & Co. KG. The company aims to be the best travel content provider in China and creates book publications, digital information and offline services for the Chinese market.

北京出版集团有限责任公司是北京市属最大的综合性出版机构，前身为1948年成立的北平大众书店。经过数十年的发展，北京出版集团现已发展成为拥有多家专业出版社、杂志社和十余家子公司的大型国有文化企业。

Beijing Publishing Group Co. Ltd. is the largest municipal publishing house in Beijing, established in 1948, formerly known as Beijing Public Bookstore. After decades of development, BPG now owns a number of book and magazine publishing houses and holds more than 10 subsidiaries of state-owned cultural enterprises.

德国梅尔杜蒙国际控股有限公司成立于1948年，致力于旅游信息服务业。这一家族式出版企业始终坚持关注新世界及文化的发现和探索。作为欧洲旅游信息服务的市场领导者，梅尔杜蒙公司提供丰富的旅游指南、地图、旅游门户网站、App应用程序以及其他相关旅游服务；拥有Marco Polo、DUMONT、Baedeker等诸多市场领先的旅游信息品牌。

MAIRDUMONT GmbH & Co. KG was founded in 1948 in Germany with the passion for travelling. Discovering the world and exploring new countries and cultures has since been the focus of the still family owned publishing group. As the market leader in Europe for travel information it offers a large portfolio of travel guides, maps, travel and mobility portals, Apps as well as other touristic services. Its market leading travel information brands include Marco Polo, DUMONT, and Baedeker.

DUMONT 是德国科隆梅尔杜蒙国际控股有限公司所有的注册商标。
DUMONT is the registered trademark of Mediengruppe DuMont Schauberg, Cologne, Germany.

杜蒙·阅途 是京版梅尔杜蒙（北京）文化传媒有限公司所有的注册商标。
杜蒙·阅途 is the registered trademark of BPG MAIRDUMONT Media Ltd. (Beijing).